THE GEORGICS

农事诗

THE GEORGICS

a Chinese translation

VERGIL

维吉尔

农事诗

拉汉对照

Simon M. Yiyang 译注

First Edition MMXXIII

Published by Hyperimmune Books
Suwanee, GA, United States

PB ISBN: 979-8-9867759-4-4

HB ISBN: 979-8-9867759-5-1

1   2   1   1   1   1   1   1   6   6   2   2   2   2   2   2   2   10

caelo, terrae, vitae, morti, carmine Musae.

献给天空，献给大地；
献给生命，献给死亡；
用这诗歌，献给缪斯。

Table of Contents

Disclaimer

There has been some significant changes, since Vergil's time, to the movements of stars mostly due to the axial precession of the Earth. The north pole then was twelve degrees away from *Polaris*. *Sirius* and *Arcturus* have even moved among the background constellations for half of a degree and a degree, respectively. With the climate changed, species evolved and our calendar system reformed, all the dates regarding stars and agricultural schemes referenced in the book are by no means accurate for, or to be used in, contemporary farmlands. Neither the author nor the translator may be held responsible for any losses incurred while applying the instructions verbatim.

All the dates of astronomical observations are calculated based on a hypothetical location at the same latitude as Rome, Italy (41.9028 N) in the year 29 BC, and the time points referred in the annotations are local solar time (solar noon being noon) at that location.

About the Author

Publius Vergilius Maro, commonly known as Vergil, is a poet in Rome during its profound transition from a republic to an empire.

His everlasting works *the Eclogues, the Georgics* and *the Aeneid* have deeply rooted in the entire Western civilization ever since his own time.

He is a master of Latin literature, a lover of Muse and the poet of the Iron Age.

———— ⊸∘❦∘⊶ ————

About the Translator

Simon M. Yiyang is a logician from Serica, according to the author. He and his family are now living in Georgia, USA, a mythical place sharing the same name with this poem, just by accident.

He has published some mathematical papers and a logical novel, which received much inspiration from this poem about Muse, the beloved goddess, and in return inspired him to work on this translation for the author.

LIBER I

Quid faciat laetas segetes, quo sidere terram
vertere, Maecenas[1], ulmisque adiungere vitis
conveniat, quae cura boum, qui cultus habendo
sit pecori, apibus quanta experientia parcis,
5   hinc canere incipiam. vos, o clarissima mundi
lumina, labentem caelo quae ducitis annum,
Liber[2] et alma Ceres[3], vestro si munere tellus
Chaoniam[4] pingui glandem mutavit arista,
poculaque inventis Acheloia[5] miscuit uvis;
10   et vos, agrestum praesentia numina, Fauni[6],
ferte simul Faunique pedem Dryadesque[7] puellae:
munera vestra cano. tuque o, cui prima frementem
fudit equum magno tellus percussa tridenti,
Neptune[8]; et cultor nemorum[9], cui pinguia Ceae[10]
15   ter centum nivei tondent dumeta iuvenci;

---

[1]Maecenas是Octavius，即后来的罗马皇帝Caesar Augustus的幕僚（但此时Octavius并未获得Augustus称号，参见I.25注），本书的资助者。

[2]Liber即酒神Bacchus，又名Dionysus，亦是农业与丰收之神。Bacchus为罗马神名，Dionysus为希腊神名，下同。罗马人将本地神Liber等同于拉丁化的希腊神Dionysus。

[3]Ceres即Demeter，掌管农业和谷物的女神。

[4]Chaonia，古希腊一地区名，在今Greece和Albania境内。附近有众神之王Zeus即Juppiter的橡树圣林与神谕。所以橡子不止比喻谷物的种子，更是比喻旧时代人类依靠众神施舍为生的日子。同样，酿酒也是不需要加水的。

[5]Acheloius，古希腊最大的河流。

[6]Faunus，荒野与畜牧之神，古罗马人把他等同于希腊的Pan，长有人身羊角羊腿。

[7]Dryades是一种住在森林的妖精nymph，也特指橡树妖精。

[8]Neptune即海神Poseidon，也是地震之神和骏马之神。

[9]即Aristaeus，养蜂之神。

[10]Cea是希腊的一個岛，Aristaeus在此养蜂。

卷一

谷物们的快乐成长，

翻垦土地时的星象，

葡萄和榆树的婚房，

牛羊的照看，牲畜的饲养，

勤俭蜜蜂的经验宝藏——

Maecenas啊，

这些就是我要歌唱的篇章。

啊，世间最闪耀的光[1]！

你们在苍穹之上，引导时光流逝，岁月轮转。

丰饶的谷神Ceres与酒神Bacchus啊，

愿这片大地，凭借你们的赐福，

将Chaonia的橡子变成饱满的食粮，

将Acheloius的河水与葡萄混为一缸；

还有你们，Faunus，在现世庇护农夫的神灵们，

啊，快一起来，一起来跳舞吧，

Faunus与Dryades少女们，

我正在歌颂你们的馈赠！

还有你，海神Neptune！

巨大的三叉神枪第一次直击大陆，

轰鸣的野马在那裂缝里奔涌而出！

还有Aristaeus哟，森林之守护，

三百头雪白的牛犊，

为你啃食Cea岛上丰美的灌木！

---

[1]这里指太阳与月亮。

ipse nemus linquens patrium saltusque Lycaei[1],

Pan[2], ovium custos, tua si tibi Maenala[3] curae,

adsis, o Tegeaee[4], favens, oleaeque Minerva[5]

inventrix, uncique puer[6] monstrator aratri,

20 et teneram ab radice ferens, Silvane[7], cupressum,

dique deaeque omnes, studium quibus arva tueri,

quique novas alitis non ullo semine fruges,

quique satis largum caelo demittitis imbrem;

tuque adeo, quem mox quae sint habitura deorum

25 concilia, incertum est, urbisne invisere, Caesar,

terrarumque velis curam et te maximus orbis

auctorem frugum tempestatumque potentem

accipiat, cingens materna[8] tempora myrto,

---

[1]Lycaeus，希腊的山名，在Peloponnese半岛中部Arcadia地区。*Pan*在此出生，有神庙祭祀。

[2]即前文Faunus，也有罗马人将其等同于后文的Silvanus，但是Vergil这里似乎区别二者，参见II.494。

[3]Maenalus是*Pan*的故里Arcadia的一座山。所以*Pan*也被称为Maenalus Deus。

[4]Tegeaeus也是Arcadia的小城，这里借指*Pan*。

[5]Minerva即希腊神话*Athena*，智慧女神。

[6]这里的少年指Triptolemus，受女神*Demeter*指导用曲犁耕地的技术。

[7]Silvanus是罗马神话里森林与荒野之神。

[8]这里母亲指的是爱神Venus，即希腊神话中的*Aphrodite*，在Vergil的史诗*Aeneid*里，主角Aeneas是*Aphrodite*的儿子。他历尽艰辛辗转来到Italia，其后代开创建立了罗马。而香桃木，又名桃金娘，正是*Aphrodite*的圣花。

啊，Pan，羊群的庇护者啊，

你正离开故乡Lycaeus的森林，

正若那Maenalus是你的眷恋，

来这里祝福我们吧!

还有你，Minerva，橄榄种植的先行者，

少年Triptolemus，曲犁之艺的传授者，

还有Silvanus，你还带着连根拔起的柏树嫩枝!

还有男女诸神，你们传授料理农田的技艺，

还有你们，

那些无需播种就让土里长出新果实的神明，

还有你们，

那些从天上给农作物降下丰沛雨水的神明，

你们都来吧!

至于你，Caesar[1]，

你马上就要列入诸神的席位，

但具体的职责，还不确定。

你或是去巡视田地与城镇，

那么整个世界，

将尊你为，

主宰四季与丰收的万能之王，

为你的额头献上，

你母亲Venus的桃金娘!

---

[1]这里指Octavius。原名Gaius Octavius，但他这时作为Caesar的继承人，将自己名字改成Gaius Julius Caesar。为了避免混淆，我们还是称呼其为Octavius或是Augustus。

an deus inmensi venias maris ac tua nautae

30   numina sola colant, tibi serviat ultima Thule[1]

teque sibi generum Tethys[2] emat omnibus undis,

anne novum tardis sidus te mensibus addas,

qua locus Erigonen[3] inter Chelasque[4] sequentis

panditur — ipse tibi iam bracchia contrahit ardens

35   Scorpius et caeli iusta plus parte reliquit —

quidquid eris, — nam te nec sperant Tartara[5] regem

nec tibi regnandi veniat tam dira cupido,

quamvis Elysios[6] miretur Graecia campos

nec repetita sequi curet Proserpina[7] matrem —

40   da facilem cursum atque audacibus adnue coeptis

ignarosque viae mecum miseratus agrestis

ingredere et votis iam nunc adsuesce vocari.

---

[1]Thule是古代传说中欧洲极北的小岛。

[2]*Tethys*是希腊神话中第一代海王*Oceanus*的妻子，他们生下了众多河流之神与水之妖精nymph，所以这里招婿应该是为水之妖精招的。

[3]Erigone是希腊神话中的人物，传说成为处女座。但更普遍的版本认为处女座应该是正义女神*Astraea*。这里可能只是借指。

[4]chelae指的是天蝎座Scorpius的爪子，这里代指天蝎座，一说代指天蝎爪子伸向的天秤座。

[5]Tartarus是希腊神话中死后世界里关押上古Titan众神的深层地狱。通常认为有罪的人会被判入Tartarus地狱。得名于地狱的原始神Tartarus。

[6]Elysium是希腊神话中的死后世界的至福之地，类似后世天堂的概念。神话中的英雄死后会到这里享福。

[7]Proserpina即冥后，Pluto的妻子，谷神Ceres之女。在希腊神话中对应*Persephone*。冥王*Hades*掳走了她为妻，*Demeter*失去女儿后异常悲痛，让大地荒芜，作物凋零。后来由神王*Zeus*调停，*Persephone*一年中有四个月时间待在冥府，对应就是现世的作物无法生长的冬天，剩下的时间待在地上，对应就是剩下万物生长的季节。

你或成为无边大海之神，
水手们只会膜拜你一人！
连那最遥远的Thule岛，
都会以你为尊，向你称臣；
而Tethys[1] 将用万顷波涛下聘，
只为将她的女儿许配给你成婚！
又或是你将跻身于缓慢移动的星辰，
成为一个新的星座——
比如处女座和紧跟着的天蝎座之中，
那片广袤的苍穹！
啊，那凶暴的蝎子也将为你收回它炽热的双螯，
为你留出足够富余的天空！
无论你将来成为何方神圣——
（哦，Tartarus罪狱应该不希望你去接管，
虽然那些希腊人流连于福地Elysium平原，
而冥后Proserpina也不顾她母亲再三的召唤，
但你也千万别有这种可怕的打算！）
请祝福我一路顺风，
首肯我冒险的征程[2]，
随我怜悯那些迷途的羊羔[3]，
逐渐适应来自众生的祈祷。

---

[1]Tethys这时候作为十二Titan神并没有被关押在Tartarus地狱里。也有记录暗示Tethys曾养育Hera，所以可能因此免于惩罚。
[2]参见IV.116。
[3]指缺乏农事技术的农夫们。

vere novo, gelidus canis cum montibus umor
liquitur et Zephyro[1] putris se glaeba resolvit,
45 depresso incipiat iam tum mihi taurus aratro
ingemere, et sulco attritus splendescere vomer.
illa seges demum votis respondet avari
agricolae, bis quae solem, bis frigora sensit;
illius inmensae ruperunt horrea messes.
50 at prius ignotum ferro quam scindimus aequor,
ventos et varium caeli praediscere morem
cura sit ac patrios cultusque habitusque locorum,
et quid quaeque ferat regio et quid quaeque recuset.
hic segetes, illic veniunt felicius uvae,
55 arborei fetus alibi, atque iniussa virescunt
gramina. nonne vides, croceos ut Tmolus[2] odores,
India mittit ebur, molles sua tura Sabaei[3],
at Chalybes[4] nudi ferrum, virosaque Pontus[5]
castorea, Eliadum[6] palmas[7] Epiros[8] equarum.

---

[1]Zephyrus是西风之神，这里借指西风。
[2]Tmolus是一座山，在古国Lydia境内，在今Turkey。
[3]Sabaeus是古代居住在阿拉伯半岛南部的民族，在今Yemen境内。
[4]Chalybes指古代Pontus区域的住民。
[5]Pontus原是一海神名，这里应指今Turkey东北部在黑海沿岸的区域。
[6]Elis在Peloponnese半岛西部，古代奥林匹克运动会主办地。
[7]原文这里只是送来了奥运会的奖品——棕榈叶。
[8]Epirus是古希腊一地名，在今Greece与Albania境内。前文中I.8提到的Chaonia就在Epirus。

早春时节，
冰冷的溪流从雪峰融化而下，
西风吹拂，
散落的土块也开始变得松垮。
就让这铁犁深入大地，
犁头在田垄上磨得锃亮，
而耕牛也因此深吟低吭！
经过两度暴晒，两度风霜，
最终那农田也会回应农夫的急切希望，
让丰收的粮食冲破他的谷仓！
但是，在用那铁犁翻开未知的土层之前，
我们要先通晓风时，
学会辨别各种天候，
以及我们先祖的耕作传统，
还有世界各地的风土习性，
特别是各地出产何物，不产何物。
这里盛产谷物，那里适合葡萄发芽，
还有地方可以让树木快快长大，
让自由的野草，遍地开花。

你看看——
Tmolus出产金色的藏红花香，
India的象牙质地精良，
顺服的Sabaeus人有他们的乳香，
赤裸的Chalybes人则有铁矿，
Pontus还盛产有恶味的河狸香，
而Epirus献上了他们的骏马女王，
刚在奥林匹克运动会上得奖！

60 continuo has leges aeternaque foedera certis
inposuit natura locis, quo tempore primum
Deucalion[1] vacuum lapides iactavit in orbem,
unde homines nati, durum genus. ergo age, terrae
pingue solum primis extemplo a mensibus anni
65 fortes invertant tauri glaebasque iacentis
pulverulenta coquat maturis solibus aestas;
at si non fuerit tellus fecunda, sub ipsum
Arcturum[2] tenui sat erit suspendere sulco:
illic, officiant laetis ne frugibus herbae,
70 hic, sterilem exiguus ne deserat umor harenam.
alternis idem tonsas cessare novalis
et segnem patiere[3] situ durescere campum;

---

[1]根据希腊神话，*Zeus*用大洪水结束了青铜时代。旧时代人类灭亡，仅
剩下Deucalion和他的妻子Pyrrha。*Zeus*通过神谕让他们掷出"母亲的骨头"，
他们理解母亲是指大地母神*Gaia*，所以掷出石子。那些石子就变成了新时代
的人类。

[2]Arcturus即大角星，牧夫座α。在Vergil的时代，以罗马同纬度当地太阳
时晚上八点，太阳刚落山时，农夫还未睡觉之时为观测时间点，农夫在整个
春天都能看到它，六月初达到最高点。但如果按照早上六点太阳还未升起，
农夫早上刚起床为观测时间点，那则在一月初。

[3]pati这个动词的意思是"允许某事使你承受损失"。这里意思是没有耕
作使得土地变硬，看似受到了损失。

大自然对于它的每块领土，
都有永恒的法则与约束，
而当Deucalion向着空旷的大陆，
第一次掷出母神之骨，
人类，一个不屈的种族，
就此迈出他坚韧的脚步。

所以来吧，
把你那壮实的耕牛牵来，
在每年的第一个月之后，
马上把肥沃的表层土翻个底朝天！
让夏天的烈日炙烤这些土块，
空气中尘土飞扬！
但若土地不够肥沃，
那只需在大角星的正下，
浅浅地挖一道小沟——
因为那些肥沃的土地，
要防止野草蔓延嬉戏；
而在此处，则是防止，
本来就稀少的水气，
离开这贫瘠的沙砾。

你要忍受懈怠的农田，
因为荒废变得坚硬，
对于收割完的土地，
你要允许它隔年休息。

aut ibi flava seres mutato sidere farra[1],
unde prius laetum siliqua quassante legumen
75   aut tenuis fetus viciae tristisque lupini
sustuleris fragilis calamos silvamque sonantem.
urit enim lini campum seges, urit avenae,
urunt Lethaeo[2] perfusa papavera somno:
sed tamen alternis facilis labor, arida tantum
80   ne saturare fimo pingui pudeat sola neve
effetos cinerem inmundum iactare per agros.
sic quoque mutatis requiescunt fetibus arva;
nec nulla interea est inaratae gratia terrae.

---

[1]far这里原指spelt小麦，但其麦谷颜色棕红，不是金色的，所以很可能这里Vergil代指各种各样的谷物。

[2]Lethe即忘川，冥界的一条河。传说亡者在此处喝下河水，忘掉尘世的经历。

或者你可以试试看——
随着斗转星移，在同一块沃土，
试着种些金灿灿的谷物；
而之前种植的则是多产的长角豆，
它们的豆荚在风中摇摆；
又或是野豌豆娇嫩的豆子，
还是带苦味的羽扇豆，
它们的茎秆柔弱易折，
豆荚随风沙沙作响——
小心亚麻，它伤土地；
野燕麦，亦然；
那浸透着忘川之水的罂粟，也是隐患。
但轮耕能让劳作变得简单——
不过你不要吝啬，给这干涸的土地，
施上美美的有机肥[1]；
也不要吝啬，给这枯竭的农田，
撒下脏脏的草木灰。
这样耕地能得到休息，
还有各种果实的收益，
没有一片休耕的土地，
不会对农夫表示感激。

---

[1] fimus这里其实是指粪肥。

saepe etiam sterilis incendere profuit agros

85 atque levem stipulam crepitantibus urere flammis:

sive inde occultas vires et pabula terrae

pinguia concipiunt, sive illis omne per ignem

excoquitur vitium atque exsudat inutilis umor,

seu pluris calor ille vias et caeca relaxat

90 spiramenta, novas veniat qua sucus in herbas,

seu durat magis et venas adstringit hiantis,

ne tenues pluviae rapidive potentia solis

acrior aut Boreae[1] penetrabile frigus adurat.

multum adeo, rastris glaebas qui frangit inertis

95 vimineasque trahit cratis, iuvat arva, neque illum

flava Ceres alto nequiquam spectat Olympo;

et qui, proscisso quae suscitat aequore terga[2],

rursus in obliquum verso perrumpit aratro,

exercetque frequens tellurem atque imperat arvis.

---

[1]*Boreas*即北风之神。
[2]tergum原意是人或者动物的背部，这里引申为垦过的田垄，隆起来跟动物的背部一样。

如果农田的收获不佳，
可以试着用火烤一下，
干透的秸秆，一下子火苗就呲啦啦！
或许是因为土壤吸收了养分或是秘法，
又或是所有的秽气被这火焰净化，
而无用的湿气也随之排出，
跟人出汗排毒是同一个方法！
又或是这火焰打开了更多的通道，
疏通了原本闭塞的排气槽，
让汁液能进入新鲜的幼苗，
还可能是把土地变得更硬，
让气孔变得更牢。
无论是沥沥细雨的灌浇，
烈日更猛烈的烘烤，
还是刺骨北风的袭扰，
都不会把这土地伤到分毫。
很多人用耙子先把呆滞的土块弄碎，
然后用柳条扎的櫌子[1]再整一遍，
还有人在已经犁过一遍的田垄上，
向另外一个方向再犁一遍。
所以要经常让土地动动，多下点命令，
让它保持活力，这样它才能听命于你。
这样对土地很有益处，
你想，金色的谷神Ceres，
她远在Olympus山巅，才不是因为无聊，
才在那儿欣赏这农耕的美景呢！

---

[1]櫌，音优。说文：櫌，摩田器。

100 umida solstitia atque hiemes orate serenas,
agricolae; hiberno laetissima pulvere farra,
laetus ager: nullo tantum se Mysia[1] cultu
iactat et ipsa suas mirantur Gargara[2] messis.
quid dicam, iacto qui semine comminus arva
105 insequitur cumulosque ruit male pinguis harenae
deinde satis fluvium inducit rivosque sequentis
et, cum exustus ager morientibus aestuat herbis,
ecce supercilio[3] clivosi tramitis undam
elicit. illa cadens raucum per levia murmur
110 saxa ciet scatebrisque arentia temperat arva.
quid qui, ne gravidis procumbat culmus aristis,
luxuriem segetum tenera depascit in herba,
cum primum sulcos aequant sata. quique paludis
collectum umorem bibula deducit harena.

---

[1]Mysia位于今Turkey东北，Marmara海沿岸。
[2]Gargara山在Mysia西南面。
[3]supercilium原意是眉毛（眼睑上面之物），引申为某物上最显著之处，这里指水渠的最高处。

啊,农夫们,

你们要祈祷湿润的夏至,

还有清朗的寒时,

因为在干燥多尘的冬日,

若是它们能说出心思,

农田会多次重复它的喜悦之辞,

而谷物们?则是无数次。

这让Mysia都没法凭耕作术感到自满,

连Gargara山也对自己的丰收表示惊叹。

我该如何称赞农夫的这些技巧呀——

他先撒下种子,然后马不卸鞍,

把那些没有肥力的沙堆弄散,

从河里导来溪流,给作物浇灌。

还有,当农田开始变得干燥,

作物都奄奄一息了——瞧!

他又沿崎岖的通道,

从山脊上引来波涛!

光滑的石头上,清泉流淌,

那潺潺声像是嘶哑的喉嗓,

当泉水流进这干渴的农场,

顿时泡泡一片,嘟嘟作响。

还有,他为了防止沉甸的谷子把茎秆压倒,

先等到幼苗第一次长到田垄那么高,

然后把田里富余的嫩芽当作食物吃掉!

他还善于利用沙子吸水的技巧,

来解决湿地水坑的烦恼!

115   praesertim incertis si mensibus amnis abundans
     exit et obducto late tenet omnia limo,
     unde cavae tepido sudant umore lacunae.
     nec tamen, haec cum sint hominumque boumque labores
     versando terram experti, nihil inprobus anser
120   Strymoniaeque[1] grues et amaris intiba fibris
     officiunt aut umbra nocet. Pater[2] ipse colendi
     haud facilem esse viam voluit, primusque per artem
     movit agros curis acuens mortalia corda,
     nec torpere gravi passus sua regna veterno.
125   ante Iovem[3] nulli subigebant arva coloni;
     ne signare quidem aut partiri limite campum
     fas erat: in medium quaerebant ipsaque tellus
     omnia liberius nullo poscente ferebat.

---

[1]Strymon是一条河，在今Greece东北，其上游位于Bulgaria境内。
[2]通常认为指Juppiter。
[3]Juppiter即希腊神话神王Zeus。

特别是当天气难测的雨季，
河水暴涨，淤泥到处堆积，
他用沙子，能从凹陷的洼地，
像排汗一样，排出温热的水气。
人们已经尝试了很多耕地的方式，
而无论是用人力的还是用畜力的，
都要小心那些坏坏的鹅，
带苦味的菊苣，Strymon的鹤，
还有大树的阴影，这些都会伤禾。

父神他自己并不希望农活有多么容易，
他身先士卒用这些技巧耕作土地，
用这苦力磨炼众神的凡人之心[1]，
不能忍受他的领地因懒惰而荒弃。
而在神王Juppiter的时代之前，
没有凡人农夫会耕作农地；
标记、分割土地甚至不符合神圣律法，
大家都会平均分配大地出产的所有物资，
比现今更加丰富，更加充实，
也没有人会去讨要度日。

---

[1] 按照后文记述，谷神Ceres是第一个教授凡人耕田之法的神明。所以这里磨炼的凡人之心是指让众神一起耕地，锻炼身体。

ille malum virus serpentibus addidit atris
130 praedarique lupos iussit pontumque moveri,
mellaque decussit foliis ignemque removit
et passim rivis currentia vina repressit,
ut varias usus meditando extunderet artis
paulatim et sulcis frumenti quaereret herbam,
135 et silicis venis abstrusum excuderet ignem.
tunc alnos primum fluvii sensere cavatas;
navita tum stellis numeros et nomina fecit,
Pleiadas[1], Hyadas[2], claramque Lycaonis Arcton[3];
tum laqueis captare feras et fallere visco
140 inventum et magnos canibus circumdare saltus;
atque alius latum funda iam verberat amnem,
alta petens, pelagoque alius trahit umida lina;
tum ferri rigor atque argutae lamina serrae,
nam primi cuneis scindebant fissile lignum,
145 tum variae venere artes. labor omnia vicit
inprobus et duris urgens in rebus egestas.

---

[1]Pleiadas即昴宿星团，又叫七姐妹星团。希腊神话中Titans神Atlas与水之妖精Pleione的七个女儿。但现今肉眼可分辨的只有六颗。根据模型演算，大约10万年前能看到七颗星，所以七姐妹的神话流传已经非常久远了。
[2]Hyadas即毕宿星团。也是Atlas的五个女儿，母亲Aethra也是水之妖精。她们因为他们的兄弟Hyas去世而伤心欲绝。两个星团都位于金牛座。
[3]Arcton指的是Callisto，Lycaon国王的女儿（另一说是Artemis的侍女）。她后来被Zeus变成天上的大熊座。

那Juppiter他把毒液赐给黑蛇，

让狼群学会狩猎分赃，

让大海汹涌激荡，

把叶子上的蜜汁抖光，

还有夺去了我们的火种，

让葡萄酒不再像以前一样，

在河流间随意流淌。

人们只好在苦思冥想中，

一点一点创造出各种技法：

在田间的垄沟中寻觅到谷物的幼芽，

在燧石的筋络里锤炼出隐藏的火花。

然后，河流感觉到了中空的桤树[1]，

再然后，水手们开始给星星命名，清点数目：

昴宿星团，毕宿星团，还有那闪耀的北斗！

然后，人们学会了使用陷阱捕兽，

和槲寄生[2]做的粘鸟饵诱，还有那些猎狗，

它们能对好大片的林子进行围狩！

而现今，一些人会用抛网征服那宽广的河段，

另一些人在海上拖曳着潮湿的亚麻网，直达深渊。

后来有了坚硬的黑铁出产，

才有了那摩擦作响的锯子，

要知道，最早人们只能用楔子切割木板，

接下来才有各种各样的手艺流传。

持久的劳作帮助我们征服了所有的谜团，

极度的贫穷驱使我们度过了无尽的苦难。

---

[1]桤，音期。这里指人们挖空树干做船，所以河流感觉到好像身上有奇怪的东西。

[2]一种寄生植物，果实捣碎后有很强的粘性，用来诱捕鸟类。槲，音湖。

prima Ceres ferro mortalis vertere terram

instituit, cum iam glandes atque arbuta sacrae

deficerent silvae et victum Dodona[1] negaret.

150   mox et frumentis labor additus, ut mala culmos

esset robigo segnisque horreret in arvis

carduus; intereunt segetes, subit aspera silva,

lappaeque tribolique[2], interque nitentia culta

infelix lolium et steriles dominantur avenae.

155   quod nisi et adsiduis herbam insectabere rastris,

et sonitu terrebis aves, et ruris opaci

falce premes umbras votisque vocaveris imbrem,

heu magnum alterius frustra spectabis acervum,

concussaque famem in silvis solabere quercu[3].

160   dicendum et, quae sint duris agrestibus arma,

quis sine nec potuere seri nec surgere messes:

vomis et inflexi primum grave robur aratri

tardaque Eleusinae matris[4] volventia plaustra

tribulaque traheaeque et iniquo pondere rastri;

---

[1] 位于Epirus，Zeus的神谕位于此。男女祭祀通过聆听神圣橡树林里的叶子响声得到神谕。参见I.8,59。

[2] lappa指的是带刺的果实，比如后面tribolus蒺藜，或者是牛蒡，苍耳，鬼针草等等这些植物的果实。

[3] quercus可以特指Dodona圣林的橡树，所以这里摇动橡树不只是指掉落橡子充饥，而更是指聆听树叶的声音，得到神谕，祈求神助。

[4] Eleusis是古希腊的一个地名，相传Demeter即Ceres传授Triptolemus曲犁之艺的地方。此处亦有Demeter神庙。"Eleusis 的母亲"应指Demeter。

当年，圣林的橡子和野莓歉收，

导致Juppiter拒绝给人们提供口粮，

谷神Ceres就首先传授凡人用铁器的耕田之方。

但是接踵而来的却是更多的苦难：

铁锈色的霉斑吞噬了作物的茎秆，

而慵懒的蓟却在田间挺直了腰板；

谷物凋零，无用的植被却长得欢，

比如苍耳，蒺藜——踩到就像被针扎！

还有在金灿灿的麦子底下，

让人不幸的毒麦称王，毫无结果的野麦称霸。

除非你一直在用耙子清除杂草，

用噪音吓跑飞鸟，

为了控制田里的阴影，修枝要用镰刀，

还要为了雨水，向神明祈祷。

哎哟，不然你就得眼瞅，人家的谷仓堆得老高，

挨饿的时候却只能把那圣林的橡树，使劲地摇。

坚忍农夫们的农具，我们下面要聊聊，

如果没有它们，要谈播种或是收获，纯属搞笑！

首先是曲犁，有犁头和沉重的木辕，

谷神Ceres的运货车[1]，轮子慢慢转，

各种橇型脱谷器[2]，还有那耙子，重得让人烦！

---

[1]plaustrum指载重的车辆，按前后文记述，可能是运送农作物之用的货车。

[2]tribulum和trahea应该是非常类似的两种农具，但具体区别已不可考。都是类似雪橇的装置，要么是整块木板，要么是两条木头中间夹着一些滚动的大圆石，由畜力拉动，把底下压着的谷子与秸秆脱离。

165 virgea praeterea Celei[1] vilisque supellex,
arbuteae crates et mystica vannus Iacchi[2].
omnia quae multo ante memor provisa repones,
si te digna manet divini gloria ruris.
continuo in silvis magna vi flexa domatur
170 in burim et curvi formam accipit ulmus aratri.
huic a stirpe pedes temo protentus in octo,
binae aures, duplici aptantur dentalia dorso.
caeditur et tilia ante iugo levis altaque fagus
stivaque, quae currus a tergo torqueat imos,
175 et suspensa focis explorat robora fumus.
possum multa tibi veterum praecepta referre,
ni refugis tenuisque piget cognoscere curas.
area cum primis ingenti aequanda cylindro
et vertenda manu et creta solidanda tenaci,
180 ne subeant herbae neu pulvere victa fatiscat,
tum variae inludant pestes: saepe exiguus mus
sub terris posuitque domos atque horrea fecit,
aut oculis capti fodere cubilia talpae,

---

[1]Celeus是Eleusis的国王，*Demeter*最初的信奉者。
[2]Iacchus即酒神Bacchus，他有绰号叫Liknites，扬谷之扇神。

Celeus用枝条编的廉价小物件[1]，
野莓条编的栅栏，酒神的神秘之扇[2]。
你要记得，把所有可以预见的都早早收拾妥当，
为了留住你应得的，那田间的神赐荣光。
林子里的榆树容易塑形，施加巨大的力量，
它就马上接受了曲犁辕的形状。
然后在其底部接上八尺[3]长的木杆，
安上两只耳朵[4]，还有两个弓背的犁柄[5]。
哦，在此之前，你要砍下轻便的椵树做轭[6]，
高耸的榉木做扶柄[7]，
这样能从后面推动它下面这犁车，
还有，所有这些木料还得先吊起来，用烟熏着。

我可以跟你说说好多古时候的农谚，
不要拒绝，这些小麻烦一点都不讨人嫌。
要用很大的滚筒滚平碾谷的地面：
不过首先要用手工整理，然后拿粘粘的白垩加固，
这样杂草就会长不活，
而地面也不会开裂，导致被扬尘吞没，
不然各种各样的害虫就出来自娱自乐：
小老鼠的地下谷仓，眼瞎鼹鼠的寝卧，

---

[1]这里大概指的是枝条编的各式容器。
[2]给谷物脱壳用，见前页注。
[3]一罗马尺大约30厘米长。这里大概指犁的底下装犁头的部件。
[4]指两侧的木板，给田垄塑形。
[5]这里大概指犁的最后方，农夫掌握方向的两根木柄，弯曲成背状。
[6]轭需要架在耕牛的身上，所以需要轻便。
[7]这里的扶柄跟前面的弓背应该是同一物件，从犁头底下一直延伸到扶手，所以需要很长。

inventusque cavis bufo et quae plurima terrae

185 monstra ferunt, populatque ingentem farris acervum

curculio atque inopi metuens formica senectae.

contemplator item, cum se nux[1] plurima silvis

induet in florem et ramos curvabit olentis.

si superant fetus, pariter frumenta sequentur

190 magnaque cum magno veniet tritura calore;

at si luxuria foliorum exuberat umbra,

nequiquam pinguis palea teret area culmos.

semina vidi equidem multos medicare serentis

et nitro prius et nigra perfundere amurca,

195 grandior ut fetus siliquis fallacibus esset,

et, quamvis igni exiguo, properata maderent.

vidi lecta diu et multo spectata labore

degenerare tamen, ni vis humana quot annis

maxima quaeque manu legeret. sic omnia fatis

200 in peius ruere ac retro sublapsa referri,

non aliter, quam qui adverso vix flumine lembum

remigiis subigit, si bracchia forte remisit,

atque illum in praeceps prono rapit alveus amni.

---

[1]nux意指各种的坚果，不同的译本有核桃说和杏仁说。

在裂缝里生活的蟾蜍，
大地生出的众多怪物；
象鼻虫会在巨大的谷堆里为祸，
而蚂蚁更忧心到老了没有着落。
还有那林子里的坚果树，你注意看，
如果它们身上穿着满满的花团，
花香四溢的枝条都被压弯——
噢，要是它们收获远超往年，那谷物亦然，
你要准备好，在盛大的热浪里迎接盛大的丰产！
但是如果叶子太茂盛，影子太宽，
那打谷场就只会剩下多余的谷壳和秸秆。
我曾看到很多播种者事先给种子施法：
先用上泡碱水和橄榄油渣，
种子就会膨胀，因为那外壳虚大，
然后即使你用很小的火苗煮它，
它们也会很快地被泡湿泡发。
我也曾看到，日复一日，
那些种子被精心筛选，用心培育，
但是收成还是不可避免地逐渐衰退，
除非人力手工，年复一年，
把最大的谷子挑选出来做种。
万物被这命运拉扯着滑入深渊，
倒退堕落只是不停地重复往返。
就像人在逆流里奋力地划着孤舟，
只要他强有力的臂膀有半刻停手，
那湍急的河水就会迎头把他冲走。

praeterea tam sunt Arcturi[1] sidera nobis
205   Haedorumque[2] dies servandi et lucidus Anguis[3],
quam quibus in patriam ventosa per aequora vectis
Pontus[4] et ostriferi fauces temptantur Abydi[5].
Libra[6] die somnique pares ubi fecerit horas
et medium luci atque umbris iam dividit orbem,
210   exercete, viri, tauros, serite hordea campis
usque sub extremum brumae intractabilis imbrem;
nec non et lini segetem et Cereale papaver
tempus humo tegere et iamdudum incumbere aratris,
dum sicca tellure licet, dum nubila pendent.
215   vere fabis satio; tum te quoque, Medica[7], putres
accipiunt sulci et milio venit annua cura,
candidus auratis aperit cum cornibus annum
Taurus et adverso cedens Canis occidit astro.

---

[1] 参见前注I.68。

[2] Haedi指的是御夫座η与ζ两颗星，在传统星座图上代表两只小羊羔。

[3] Anguish原意指蛇，这里可能是长蛇座，或是蛇夫座手里拿着的巨蛇座，也有说是天龙座。

[4] 参见前注I.58。

[5] Abydus是在Mysia（参见前注I.102）的一个小城，位于Dardanelles海峡，即连接Marmara海与Aegean海的海峡最狭窄的地方，故称fauces即咽喉。

[6] Libra即天秤座。

[7] Media，古国名，在今Iran。这里指原产Media的苜蓿。

接下来你要注意那大角星，

还有羊羔出现的时日，和明亮的蛇，

正如那些正从Pontus或是盛产牡蛎的Abydus海峡，

航行在多风海面上的归乡之人。

当天秤座[1]把时间公平地分给白昼与梦乡，

它也将地球从中间均分成光明与阴暗，

男人们！让耕牛动起来！

在田野里播撒大麦！

直到那严寒的冬至前后，

最后那场暴雨的到来！

这时候的你，

还得把亚麻和Ceres的罂粟用土盖好，

只要地上土壤保持干燥；

还得马上对着铁犁弯腰，

只要天上白云飘得高高。

而到春天，则是播种蚕豆，

哦，那Media产的苜蓿，腐臭的田垄将你接受，

还有小米，你将成为年年的烦忧，

用金角撬开一年，雪白的金牛[2]，

为对面的星让路，落山的天狗[3]。

---

[1]在Vergil的时代，太阳在秋分点的时候位于天秤座，而天秤也是公平的象征。

[2]Zeus曾化身为雪白的金牛，诱拐了Europa。

[3]即天狼星。当太阳携金牛牛角升起的时候，天狼星接近天底，给它对面的星让路。Vergil的时代大约在每年四月下旬，所以这是前面蚕豆、苜蓿和小米的播种时间。

at si triticeam in messem robustaque farra

220 exercebis humum solisque instabis aristis,

ante tibi Eoae[1] Atlantides[2] abscondantur

Gnosiaque[3] ardentis decedat stella Coronae[4],

debita quam sulcis committas semina quamque

invitae properes anni spem credere terrae.

225 multi ante occasum Maiae[5] coepere; sed illos

exspectata seges vanis elusit avenis.

si vero viciamque seres vilemque phaselum

nec Pelusiacae[6] curam aspernabere lentis,

haud obscura cadens mittet tibi signa Bootes[7]:

230 incipe et ad medias sementem extende pruinas.

idcirco certis dimensum partibus orbem

per duodena regit mundi sol aureus astra.

quinque tenent caelum zonae[8]; quarum una corusco

semper sole rubens et torrida semper ab igni;

235 quam circum extremae dextra laevaque trahuntur

caeruleae, glacie concretae atque imbribus atris;

---

[1]曙光女神*Eos*，代指黎明。

[2]*Atlas*的女儿们，参见注I.138的Pleiadas与Hyadas，都位于金牛座。

[3]指Cnossos即Crete岛。

[4]Corona指北冕座，相传为Crete公主Ariadne与酒神结婚的时候戴的头冠。Corona之星很可能是北冕座α，贯索四。

[5]Maia是昴星团七姐妹之一，Mercury即*Hermes*之母。

[6]Pelusium是古代尼罗河三角洲最东的城市。这里代指埃及。

[7]即牧夫座。

[8]这里zona原指腰带，特别是装钱的腰带。这里引申为地球从北到南的五个气候带。

但若你为了丰收的小麦与饱满的谷子，

为了这谷穗而辛苦下田：

那要等Atlas的女儿们在黎明时分隐匿天边，

等那燃烧头冠上的Crete之星也消失不见[1]，

马上把属于它的种子还给田垄之间，

不然只得把全年的希望，

焦急地托付给懈怠的农田。

很多人在Maia落山[2]前就开始争先，

但是他们期待的收成，

却像空扁的野麦，把人骗。

若你真想种点野豌豆或是廉价的腰豆，

或者你也不介意去照看埃及豆，

那下落的牧夫座[3]将是最明显的信号：

你要开始播种，直到霜期之正中。

那金色的太阳划过天穹，

在天球上的固定区域移动，

正是为我们[4]丈量划分出了十二星宫[5]。

世界[6]分为五段带状领域：

其中一段永远被艳阳高照，被烈火炙烤；

围绕着它，一左一右，

那是天边的极地，由冰雪和黑雨铸就；

---

[1] 在Vergil的时代，北冕座α离北极更近，几乎全年可见。如果凌晨时分，金牛座在西方落山，那当日半夜北冕座位于最低点，所以夜里很难观测到。时间大约在十月中下旬。

[2] 即前注时间。如果过早播种，花穗难以过冬。

[3] 以晚上八点为观测点，大约时间在十月初。

[4] 古时候没有时钟，农夫们非常依赖天象确定时间。

[5] 参见IV.389注。

[6] Vergil原文是天空。下面他记述了天上的不同景观。

has inter mediamque duae mortalibus aegris

munere concessae divom, et via secta per ambas,

obliquus qua se signorum verteret ordo.

240   mundus, ut ad Scythiam[1] Rhipaeasque[2] arduus arces

consurgit, premitur Libyae devexus in Austros[3].

hic vertex nobis semper sublimis; at illum

sub pedibus Styx[4] atra videt Manesque[5] profundi.

maximus hic flexu sinuoso elabitur Anguis[6]

245   circum perque duas in morem fluminis Arctos[7],

Arctos Oceani[8] metuentis aequore tingui.

illic, ut perhibent, aut intempesta silet nox,

semper et obtenta densentur nocte tenebrae;

aut redit a nobis Aurora[9] diemque reducit,

250   nosque ubi primus equis oriens adflavit anhelis,

illic, sera rubens accendit lumina Vesper[10].

---

[1]Scythia是在罗马帝国的东北面，黑海北岸一直延申到东欧平原的广大区域。

[2]Rhipaeus即Ripaeus，在古代希腊罗马文明里虚构的极北之地的高山。

[3]Auster即南风之神，这里指南方。

[4]*Styx*是希腊神话Titan神*Oceanus*与*Tethys*之女，也是水之妖精，河流之女神，参见前注I.31。因为在Titan战争中支持*Zeus*，所以后来诸神起誓都以*Styx*的名义。她同时代表了地下世界五条冥河之一。

[5]Manes是罗马神话中代表善良灵魂。罗马时代墓碑上都有D.M.字样，代表Dis Manibus，"献给善良之灵魂"。

[6]这里指天龙座，在大熊座和小熊座之间。

[7]大熊座与小熊座。即I.138的Callisto和她的儿子Arcas，被*Zeus*丢到天上作为星座。以罗马为观察点，这两个星座都不会落入地平线之下。

[8]Oceanus即大海之神，见前注I.31。

[9]即曙光女神*Eos*，见前注I.221。

[10]即昏星，金星在黄昏被称为Vesper，在凌晨称为晨星Lucifer。后二者被Venus取代。小雅《大东》：东有启明，西有长庚。

诸神怜悯凡间的苦难，

赐给我们中间的两段，

还在天上建了一条通道[1]，同时跨越两端，

在那里，星座倾斜着[2]排好次序，自行旋转。

世界在北面的Scythia，高耸如山峦，

而在南方的Libya却被压入低谷平原[3]；

这头的天极对我们而言永远高不可攀，

而我们脚下的那头，

则是直视黑色冥河的地狱深渊。

我们这边，两只熊一直在天上转圈，

生怕被Oceanus的海水浸染，

而那条巨龙在天上蜿蜒盘旋，

围绕着它们，像河流一样把它们分隔两岸。

而在那边，据他们所称，

在黑夜里是永恒的寂静，

比那黑夜与寂静更加深重的则是幽暗之冥。

直到曙光女神Aurora离开我们，

那边才重获光明；

而若我们又看到了东升的旭日带着呼啸的骏马[4]，

在那头，红色的昏星则刚开始点亮漫漫的长夜。

---

[1]指黄道。

[2]指黄赤交角。

[3]古人知道高地冷低地热，所以有此推断。

[4]太阳神*Helios*的战车是马拉的。哦，对了，*Apollo*的战车是天鹅拉的。

hinc tempestates dubio praediscere caelo
possumus, hinc messisque diem tempusque serendi,
et quando infidum remis inpellere marmor
255 conveniat, quando armatas deducere classis,
aut tempestivam silvis evertere pinum.
nec frustra signorum obitus speculamur et ortus,
temporibusque parem diversis quattuor annum.
frigidus agricolam si quando continet imber,
260 multa, forent quae mox caelo properanda sereno,
maturare datur: durum procudit arator
vomeris obtunsi dentem, cavat arbore lintres,
aut pecori signum aut numeros inpressit acervis.
exacuunt alii vallos furcasque bicornis
265 atque Amerina[1] parant lentae retinacula viti.
nunc facilis rubea texatur fiscina virga,
nunc torrete igni fruges, nunc frangite saxo.

---

[1]Ameria是在罗马北面八十公里的一座小城。柳条编的绳子用来扎葡萄。

于是我们从这天空的动向里，
就能预知季节的转移，
以及播种的时节和收获的日期，
何时可以在瞬息万变的大海里航行，
何时可以让武装到牙齿的舰队出征，
何时可以把林子里当季的松树砍平。
我们观测的星座升降运行永远不会走偏，
它们在一年里分出的四季也是那么周严。

若是遇上那冰冷的豪雨，
那趁这段时间，正好做点农具，
不然等到天晴，才没那么宽裕：
耕夫要把磨损的犁头修好，
把树干掏空做水槽[1]，
给牛羊做下记号，
给谷堆量个身高。
其他一些人削尖木桩，
打磨两个头的双叉戟[2]，
准备好Ameria产的柳条绳，
用来加固那柔弱的葡萄藤。
一会儿用荆棘嫩条编个实用的篮子，
一会儿把收获的谷子放火上烤脆，
一会儿把烤好的谷子用石头磨碎。

---

[1] 可以放葡萄，也可以作牲畜的饮水槽，参见III.330。
[2] 木桩给葡萄搭棚或者支撑插枝的幼苗，双叉戟是通用农具，一般用来整理稻草饲料。

quippe etiam festis quaedam exercere diebus

fas et iura sinunt: rivos deducere nulla

270 religio vetuit, segeti praetendere saepem,

insidias avibus moliri, incendere vepres,

balantumque gregem fluvio mersare salubri.

saepe oleo tardi costas agitator aselli

vilibus aut onerat pomis, lapidemque revertens

275 incusum aut atrae massam picis urbe reportat.

ipsa dies alios alio dedit ordine Luna[1]

felicis operum. quintam fuge: pallidus Orcus[2]

Eumenidesque[3] satae; tum partu Terra nefando

Coeumque Iapetumque creat saevumque Typhoea[4]

280 et coniuratos caelum rescindere fratres.

ter sunt conati inponere Pelio Ossam[5]

scilicet, atque Ossae frondosum involvere Olympum;

ter pater exstructos disiecit fulmine montis.

---

[1] 月亮女神Luna，即希腊神话*Selene*。

[2] Orcus是罗马神话地狱之神，后被罗马人等同于*Hades*。

[3] Eumenides是三位复仇女神，她们居住在地下世界，也称为Erinyes或者Furies。

[4] 这里*Coeus*，*Iapetus*和*Typhonus*都是神话母神*Gaia*（Terra）之子，后都被*Zeus*关入Tartarus地狱。

[5] Ossa山与Pelion山（或Pelium山）是在Olympus山附近的两座山，二者都比Olympus稍矮一些。

即使是在圣日里[1]，

神律与法条依然允许一些特定的工作，

没有教法禁止这些苦劳：

谷物篱笆围好，河水开渠引导，

扎人荆棘焚烧，设置陷阱捕鸟；

还有把那咩咩叫的羊羔，

拉到祛病的河水里洗澡[2]。

还有农夫经常在懒惰毛驴的胸口，

挂上廉价水果和橄榄油，

在从城里回家时候，

捎上大块的黑沥青和磨好的石头。

在另外一条线上[3]，

月亮女神Luna亲自给工作的时节，

定下另外的良辰吉日：记得避开第五天：

苍白的地狱之神Orcus与复仇女神们，

都是在此时降临人间，

大地母神经过难以描述的分娩，

生出的Coeus，Iapetus，和那暴躁的Typhonus，

还有联合起来企图撕裂天空的兄弟连[4]：

三度，他们试图把Ossa山叠在Pelion山尖，

再把郁郁葱葱的Olympus山加诸Ossa山巅；

三度，父神用他那雷霆闪电，

把这重峦生生劈成碎片！

---

[1]罗马节假日基本上跟神有关。人们包括奴隶一般情况不能干农活。

[2]参见III.445。

[3]这里ordo对应前面的黄道I.239的ordo，指的是月亮运行移动的轨迹。

[4]这里指*Otus*和*Ephialtes*两兄弟，*Poseidon*与Iphimedia的两个儿子。他们试图攻入Olympus抢夺*Hera*和*Artemis*为妻。

septima post decimam felix et ponere vitem
et prensos domitare boves et licia telae
addere. nona fugae melior, contraria furtis.
multa adeo gelida melius se nocte dedere,
aut cum sole novo terras inrorat Eous[1].
nocte leves melius stipulae, nocte arida prata
tondentur, noctes lentus non deficit umor.
et quidam seros hiberni ad luminis ignis
pervigilat ferroque faces inspicat acuto;
interea longum cantu solata laborem
arguto coniunx percurrit pectine telas,
aut dulcis musti Volcano[2] decoquit umorem
et foliis undam trepidi despumat aeni.
at rubicunda Ceres medio succiditur aestu
et medio tostas aestu terit area fruges.
nudus ara, sere nudus[3]; hiems ignava colono.

285

290

295

---

[1]*Eos*，曙光女神。
[2]Volcanus，火神。
[3]此句引自Hesiod的《工作与时日》。

十七日[1]，是吉日：
宜种下葡萄新枝，利栽植，
宜捕获驯服野牛，利投掷，
宜加纬线于经线，利纺织。
九日，大利逃遁，不宜阴私。

很多事要留给夜晚的冰冷，
或清晨的白露与旭日初升。
砍伐轻便的秸秆，最好在夜里，
收割干燥的稻草，最好在夜里，
那夜里永远不缺粘粘的湿气——
寒冬火堆边的守夜人，
削尖火把的利刃；
嘎吱作响的织机，
经线操持的爱妻；
长久的劳作之闲，
独自清唱的时间。
滚着葡萄甜汁的火神，
蒸发出来的多余水分；
用叶子撇去的浮沫，
和满是浮沫的铜锅。
趁炽热的中午，收割金得泛红的谷神之株[2]，
趁炽热的中午，在打谷场碾过晒好的作物。
赤裸着耕田，赤裸着播种，
慵懒地度过，严酷的寒冬。

---

[1]罗马历法里，每个月的日期不是按照顺序说某月几号，而是每个月定出三个关键日期，然后剩下日期按照"关键日期前第几日"的叫法称呼。这里提到的某日很可能是按照阴历，以新月为第一日，依次记日。

[2]指各种谷物。

300   frigoribus parto agricolae plerumque fruuntur

mutuaque inter se laeti convivia curant.

invitat genialis hiems curasque resolvit,

ceu pressae cum iam portum tetigere carinae,

puppibus et laeti nautae inposuere coronas.

305   sed tamen et quernas glandes tum stringere tempus

et lauri bacas oleamque cruentaque myrta,

tum gruibus pedicas et retia ponere cervis

auritosque sequi lepores, tum figere dammas

stuppea torquentem Balearis[1] verbera fundae,

310   cum nix alta iacet, glaciem cum flumina trudunt.

quid tempestates autumni et sidera dicam,

atque, ubi iam breviorque dies et mollior aestas,

quae vigilanda viris. vel cum ruit imbriferum ver,

spicea iam campis cum messis inhorruit et cum

315   frumenta in viridi stipula lactentia turgent.

---

[1]Baleares insulae即Balearic Islands，地中海临近Spain的群岛。

在寒冬的大多数时候，
快乐的农夫们都在享受丰收，
准备聚餐，喝酒吃肉。
欢愉的冬日不仅快活，还能解忧，
正如当吃水的货船停靠在港口，
快乐的水手把花环装饰在船后。
不过这时节也要采收橡子，
月桂果，橄榄果，
还有血染的香桃子！
积雪堆到高处，
河里坚冰漂浮，
埋好陷阱捕鹤，
猎网困住公鹿，
追捕长耳野兔，
用Balearis产的亚麻投石索，
去瞄准那些母鹿！

我接下来该说些什么呢？
秋日的暴雨和繁星？
或者当白昼稍短，酷暑稍退之时，
人们又当注意什么事？
或是春雨浇灌如注之时，
带穗的谷物在田中挺立，
谷穗在青色的茎秆上冒着白汁？

saepe ego, cum flavis messorem induceret arvis
agricola et fragili iam stringeret hordea culmo,
omnia ventorum concurrere proelia vidi,
quae gravidam late segetem ab radicibus imis
320   sublimem expulsam eruerent; ita turbine nigro
ferret hiems culmumque levem stipulasque volantis.
saepe etiam inmensum caelo venit agmen aquarum
et foedam glomerant tempestatem imbribus atris
collectae ex alto nubes; ruit arduus aether
325   et pluvia ingenti sata laeta boumque labores
diluit; inplentur fossae et cava flumina crescunt
cum sonitu fervetque fretis spirantibus aequor.
ipse pater media nimborum in nocte corusca
fulmina molitur dextra; quo maxuma motu
330   terra tremit; fugere ferae et mortalia corda
per gentis humilis stravit pavor; ille flagranti
aut Athon aut Rhodopen aut alta Ceraunia[1] telo
deicit; ingeminant Austri[2] et densissimus imber;
nunc nemora ingenti vento, nunc litora plangunt.

---

[1]Athos，Rhodope，Ceraunia是古希腊的三座高山。
[2]Auster即南风之神。

我经常看见——
农夫带领收割者进入金色的麦田，
他刚从茎秆上摘下娇嫩的大麦，
突然，狂风从四面八方呼啸而来！
沉重的麦子被风连根拔光，
吹得高高在上，四处飞扬。
同样的道理，冬日的黑色旋风，
能把干枯的秸秆和稻草吹得一点不剩。
同样经常发生的是，
一根巨大的水柱直冲云霄，
那乌云聚拢了可怕的雷暴，
黑雨从天而降，
冲走了欢畅的谷苞，
冲走了耕牛的辛劳；
溪流哗哗作响，水渠被灌得满满，
原本平静的海面上，海水如沸腾一般！
父神亲自在这暴雨入注的夜晚，
举起右手掷出那雷鸣电闪！
这无垠的大地随之惊颤！
而我们凡人心中这卑微的恐惧感，
就跟这四散的野兽一般，
瞬间扩散到海北天南。
他用这炽热的雷闪，
夷平了Athos，Rhodope，Ceraunia这三座大山！
南风携豪雨卷土重来，
森林在狂风中哀嚎，
海岸在巨啸下悲歌。

335 hoc metuens caeli menses et sidera serva,

frigida Saturni[1] sese quo stella receptet,

quos ignis caelo Cyllenius[2] erret in orbis.

in primis venerare deos atque annua magnae

sacra refer Cereri laetis operatus in herbis

340 extremae sub casum hiemis, iam vere sereno.

tum pingues agni et tum mollissima vina,

tum somni dulces densaeque in montibus umbrae.

cuncta tibi Cererem pubes agrestis adoret;

cui tu lacte favos et miti dilue Baccho[3],

345 terque novas circum felix eat hostia fruges,

omnis quam chorus et socii comitentur ovantes,

et Cererem clamore vocent in tecta; neque ante

falcem maturis quisquam supponat aristis,

quam Cereri torta redimitus tempora quercu

350 det motus incompositos et carmina dicat.

---

[1]Saturnus，罗马神话中的财富与农业之神，后等同于希腊神话Cronus。有另一版本的神话说Cronus在Titan大战中败退，但并没有被关押至Tartarus。他逃至罗马，后教授众人农耕之术。

[2]Cyllene山位于Peloponnese半岛的西北部，传说中Hermes（即Mercury）在Cyllene山上出生。同时Cyllene也是一位山之妖精Oread nymph的名字；她抚养了Hermes长大成人。

[3]这里Bacchus代指葡萄酒。

你要满怀敬畏，

用心去观察星座运行，季节流转，

农神Saturnus何时收回了他的寒星[1]，

那Cyllene之火[2]又偏离到哪条轨道之上？

你首先要尊敬神明，

当极寒消退，春光明丽，

你要在肥沃的草坪上举行年祭，

给伟大的谷神Ceres献上回礼！

于是羊羔长得肥硕，

于是美酒让人醉卧，

山上的阴影厚厚一坨[3]，

于是美梦让人懒惰。

让你所有的乡下儿郎都要崇拜谷神Ceres，

你要把蜂巢化到牛奶和醇香的美酒里，献上圣坛。

让带来好运的牛羊祭品绕着新谷走上三圈，

让参与者全部紧跟其后，跳舞狂欢，

高声呼喊着让Ceres降临家中，蒙神恩圣眷。

在把镰刀伸向成熟的谷穗之前，

先在额头，戴上橡树枝的花冠，

向Ceres献上随性的舞步，

唱出对她的礼赞。

---

[1]指土星。

[2]指水星。以地球为观察点，地外行星的轨道相对有规律，而地内行星，即水星和金星，它们的轨道看上去就非常混乱。而直到广义相对论的建立，人们才比较完美地解释了水星的轨道。

[3]这里指牧羊人可以美美地在阴影下睡一觉。参见IV.566。

atque haec ut certis possemus discere signis,

aestusque pluviasque et agentis frigora ventos,

ipse Pater statuit, quid menstrua Luna moneret,

quo signo caderent Austri[1], quid saepe videntes

355 agricolae propius stabulis armenta tenerent.

continuo ventis surgentibus aut freta ponti

incipiunt agitata tumescere et aridus altis

montibus audiri fragor aut resonantia longe

litora misceri et nemorum increbrescere murmur.

360 iam sibi tum a curvis male temperat unda carinis,

cum medio celeres revolant ex aequore mergi

clamoremque ferunt ad litora, cumque marinae

in sicco ludunt fulicae notasque paludes

deserit atque altam supra volat ardea nubem.

365 saepe etiam stellas vento inpendente videbis

praecipitis caelo labi noctisque per umbram

flammarum longos a tergo albescere tractus;

saepe levem paleam et frondes volitare caducas

aut summa nantis in aqua colludere plumas.

---

[1]Auster, 南风之神。

我们还能从固定的信标中学习，

何时酷热，何时暴雨，何时寒气。

父神他亲自确立：

一个月内每天的月相都蕴含了什么道理，

什么星象让南风之神停息，

何种预示常常让农夫把耕牛牵回棚里？

随着海风乍起，

海水开始翻滚涌动，

高山传来嘶哑之鸣，

森林的窃窃私语逐渐变响，

与海岸混合为悠长的回音。

这海浪不会控制自己，

从倾斜的小船边撤离，

迅捷的海鸟[1]从水面飞起，

向着海岸哭啼。

海里的骨顶鸡[2]在陆地嬉戏，

白鹭放弃了它们熟悉的湿地，

转而飞进高耸的云际。

在风起云涌之时，

你常常会见到：

那天上的星星快速滑坠，

一条条细长的火焰之尾，

黑夜拖曳出亮白的光辉；

轻碎的谷壳和落叶纷飞，

浪尖的羽毛在尽情玩水。

---

[1]mergus可以是各种水鸟，这里很可能是海鸥。

[2]一种水鸟。英文名coot。

370 at Boreae[1] de parte trucis cum fulminat et cum
Eurique[2] Zephyrique tonat domus: omnia plenis
rura natant fossis atque omnis navita ponto
umida vela legit. numquam inprudentibus imber
obfuit: aut illum surgentem vallibus imis
375 aeriae fugere grues, aut bucula caelum
suspiciens patulis captavit naribus auras,
aut arguta lacus circumvolitavit hirundo
et veterem in limo ranae cecinere querelam.
saepius et tectis penetralibus extulit ova
380 angustum formica terens iter, et bibit ingens
arcus et e pastu decedens agmine magno
corvorum increpuit densis exercitus alis.
iam variae pelagi volucres et quae Asia circum
dulcibus in stagnis rimantur prata Caystri[3],
385 certatim largos umeris infundere rores:
nunc caput obiectare fretis, nunc currere in undas
et studio incassum videas gestire lavandi.

---

[1]Boreas，北风之神。
[2]Eurus一说时东南风之神，一说是东风之神。
[3]Caystros河在古国Lydia境内，河岸边湿地众多。Asia原是Lydia的一个小镇，后用来指整个地区，即Asia Minor，而这里特指Caystros河岸的湿地。

而当荒凉的北方之地雷鸣电闪，
当东方和西方都被这雷声震撼，
整个乡间宛若泽国，河渠漫灌，
水手们都在收拢那湿透的船帆。
甚至让毫无经验的人看，
预测这大雨也不是很难：
空中的鹤在大雨降临之际，
就会从那深谷飞离，
小母牛则仰望天极，
张大着鼻孔拼命地呼吸，
喧哗的燕子围绕着池塘，边飞边啼，
青蛙也唱起了陈腔滥调，满身是泥。
更常见的则是，
蚂蚁沿着一条窄窄的小道，
把卵搬出那最深的蚁巢，
那巨大的弓[1]准备去河里洗澡，
成群结队的乌鸦从草场飞起，
它们密集的翅膀声响彻天地。
各色的海鸟们，还有那些它们的兄弟，
那些鸟徘徊于Caystros河谷湿地，
在甜美的河水里翻找食物的痕迹：
你看，它们竞相拿水浇湿自己的翅膀，
时而把头伸到海里摇晃晃，
时而一起在水面上逐浪浪，
尽情享受这无用但快乐的洗澡时光。

---

[1]指彩虹。

tum cornix plena pluviam vocat inproba voce
et sola in sicca secum spatiatur harena.

390　ne nocturna quidem carpentes pensa puellae
nescivere hiemem, testa cum ardente viderent
scintillare oleum et putris concrescere fungos.
nec minus ex imbri soles et aperta serena
prospicere et certis poteris cognoscere signis:

395　nam neque tum stellis acies obtunsa videtur,
nec fratris radiis obnoxia surgere Luna,
tenuia nec lanae per caelum vellera ferri;
non tepidum ad solem pinnas in litore pandunt
dilectae Thetidi[1] alcyones[2], non ore solutos

400　inmundi meminere sues iactare maniplos.
at nebulae magis ima petunt campoque recumbunt,
solis et occasum servans de culmine summo
nequiquam seros exercet noctua cantus.

---

[1]*Thetis*是神话中一位水之妖精，*Tethys*的孙女，Achilles之母。
[2]原指希腊神话中Alcyone，不同版本所述不一，但最后她和丈夫Ceyx被变成海边的翠鸟。亦有神话说冬天它们下蛋的时节，大海会风平浪静整整七天。但是实际上翠鸟并不住在海边，这里也可能代指各种海鸟。

然后乌鸦开始用嘹亮的嗓子，

预告着大雨降至，

而它自己，孤身在干燥沙地上散步觅食。

连那些忙着夜里纺羊毛的女孩子们，

也不会忽略暴雨来临的痕迹：

陶灯里的灯油，闪烁不息，

灯芯上的黑炭，不断沉积。

不仅如此，你还可以学习各种信号，

预见雨过天晴：

星星的边缘不再模糊不清，

升起的月神，她的神采，

不再被她的兄弟[1]的光芒所掩盖，

天上也没有羊毛样子的碎云彩[2]，

脏脏的猪忘了用嘴把稻草铺开，

Thetis心爱的翡翠鸟，

也没有在海岸旁，

展开翅膀，晒着暖阳[3]。

更多的雾气下沉到低地与平原，

而那猫头鹰站在屋顶的最高点，

徒劳地练习着它的夜曲，

守护着缓缓下落的夕阳。

---

[1] 太阳神*Helios*是月神*Selene*的兄弟，同为Titan神*Hyperion*与*Theia*的子女，但不同版本神话对于他们的年龄顺序所述不一。

[2] 指卷积云，通常预示下雨。

[3] 可能指因为天气好它们去觅食了，也可能指在窝里产蛋，参见前页注。

adparet liquido sublimis in aere Nisus[1]

405 et pro purpureo poenas dat Scylla capillo:

quacumque illa levem fugiens secat aethera pinnis,

ecce inimicus, atrox, magno stridore per auras

insequitur Nisus; qua se fert Nisus ad auras,

illa levem fugiens raptim secat aethera pinnis.

410 tum liquidas corvi presso ter gutture voces

aut quater ingeminant, et saepe cubilibus altis

nescio qua praeter solitum dulcedine laeti

inter se in foliis strepitant; iuvat imbribus actis

progeniem parvam dulcisque revisere nidos;

415 haud equidem credo, quia sit divinitus illis

ingenium aut rerum fato prudentia maior;

verum ubi tempestas et caeli mobilis umor

mutavere vias et Iuppiter[2] uvidus Austris[3]

denset erant quae rara modo, et quae densa relaxat,

420 vertuntur species animorum[4] et pectora motus

nunc alios, alios, dum nubila ventus agebat,

concipiunt: hinc ille avium concentus in agris

et laetae pecudes et ovantes gutture corvi.

---

[1]Nisus是古希腊Megara的国王，后因为其女儿Scylla背叛而亡。Nisus死后化身为海雕，所以一直追逐着Scylla死后化身的水鸟，名为ciris，但已经无法考证ciris 具体是哪种鸟类。

[2]这里代指天空或是空气。

[3]Auster，南风之神。

[4]古人认为呼吸着的空气给人带来灵魂，而人死后最主要的特征就是停止呼吸。例如spiro呼吸，spirit精神。

Nisus，在清澄的高空中现身！

Scylla，因为紫发[1]而遭受此难！

她无论怎样，用她的翅膀切开那稀薄的空气，

凶残的Nisus，她的天敌，

他的鸣啸总是随风而至，紧追不息。

而趁Nisus御风而上的间隙，

她迅速逃离，用她的翅膀切开那稀薄的空气。

开心的乌鸦们压着嗓门，

重复了三四下那清澈的鸣啼，

在枝头那高高的巢里喧嚣，

应该有点超乎寻常的事情，

大概是不为人所知的甜蜜：

哦，雨过之后，能和爱巢与幼崽重逢嬉戏，

心情自然是十分欢喜。

诚然，我不相信它们的愉悦是来自神意，

或是由一个更伟大的意志对万物的预言；

事实上，当天上的暴雨与不定的湿气，

改变了它们的运动轨迹，

潮湿的空气携着南风，

把密集的东西变稀，把稀薄的变得密集，

相比于那风起云涌之际，

呼吸的空气感觉一新，

胸口的悸动大相径庭：

于是乎，田野里，那些小鸟在合唱齐鸣，

牛羊在兴奋，而欢乐的乌鸦在鼓噪不停。

---

[1]相传Nisus有一头紫发而保护国家不受侵略。后Scylla剪下其父的紫发献给意中人，从而导致城破国亡。

si vero solem ad rapidum lunasque[1] sequentis

425   ordine respicies, numquam te crastina fallet

hora neque insidiis noctis capiere serenae.

Luna, revertentis cum primum colligit ignis,

si nigrum[2] obscuro conprenderit aera cornu,

maxumus agricolis pelagoque parabitur imber;

430   at si virgineum suffuderit ore ruborem,

ventus erit; vento semper rubet aurea Phoebe[3].

sin ortu quarto, — namque is certissimus auctor —

pura neque obtunsis per caelum cornibus ibit,

totus et ille dies et qui nascentur ab illo

435   exactum ad mensem pluvia ventisque carebunt,

votaque servati solvent in litore nautae

Glauco[4] et Panopeae[5] et Inoo Melicertae[6].

Sol quoque et exoriens et cum se condet in undas

signa dabit; Solem certissima signa sequuntur,

440   et quae mane refert et quae surgentibus astris.

---

[1]这里lunas为复数，代指有月亮的夜晚，参见III.337。

[2]这里"黑色的领域"大概指月晕。

[3]Phoebe是Diana即*Artemis*的别名，也混用于Luna即*Selene*。

[4]Glaucus本是凡人渔夫，吃了仙草变成不死之身。他经常庇佑和救助渔民和船员。

[5]Panopea也是水之妖精，Thetis的姐妹。

[6]Melicerta或Melicertes是Ino的儿子，本来都是凡人，二人投水而亡后都变成了神明。Ino成为水之妖精Leucothea，Melicerta成为海神Palaemon。

如果你注意观察那迅速的日落，

与紧跟而来的月夜，

就不会弄错明天的天时，

也不会被清朗的夜空所欺骗。

当月亮重新聚集了火焰[1]，

如果她用模糊的角尖，

掌控了一片黑色的天域，

那无论是下田耕作还是出海打鱼，

一场最盛大的暴雨已经准备就绪；

但若她的嘴边出现绯红，如少女一般，

那就要起风了——

金色的月神经常在起风的时候羞赧。

在第四次月升之时，（因为这最准确，）

她眉目清明，带着锐利的角划出天际，

那不止是这一整天而已，

连带着接下来的日子，直到月底[2]，

都不会跟风雨有任何联系。

而那些水手们一安全到岸，

就会向保佑他们的海神还愿：

Glaucus，Panopea，还有Ino的儿子Melicerta。

同样，太阳神在起床之时，给我们带回信标，

在大海里隐藏身形之时，也赐予我们征兆，

最准确的信号都是紧跟着他的号角，

还有包括他清晨带回来的扈从，

和群星升起时，跟他一起离开的仆众。

---

[1]大概指新月。

[2]一个阴历月内，夜里看见月升只能在下半月，然后考虑到天气因素，看到第四次月升的时候还带着锐角，那已经接近月底了。

ille ubi nascentem maculis variaverit ortum
conditus in nubem medioque refugerit orbe,
suspecti tibi sint imbres; namque urget ab alto
arboribusque satisque Notus[1] pecorique sinister.
445 aut ubi sub lucem densa inter nubila sese
diversi rumpent radii aut ubi pallida surget
Tithoni[2] croceum linquens Aurora cubile,
heu! male tum mitis defendet pampinus uvas:
tam multa in tectis crepitans salit horrida grando.
450 hoc etiam, emenso cum iam decedit Olympo[3],
profuerit meminisse magis; nam saepe videmus
ipsius in voltu varios errare colores:
caeruleus pluviam denuntiat, igneus Euros[4];
sin maculae incipient rutilo inmiscerier igni,
455 omnia tum pariter vento nimbisque videbis
fervere. non illa quisquam me nocte per altum
ire, neque a terra moneat convellere funem.

---

[1]*Notus*即Auster，南风之神。
[2]Tithonus是曙光女神Aurora即*Eos*的情人。后*Eos*向*Zeus*请求给他不死之身。*Zeus*只给了他不死之身，但不是不老之身，所以最后Tithonus变成了一只不死的蝉。
[3]这里指代天空。
[4]Eurus东风之神。

如果他上升之时出现了斑点，
而且还藏在云后，半遮半掩，
那你要预计好迎接大雨连绵；
因为那南风之神，
给树木，庄稼和牛羊们，
带来不幸的南风之神，
正从深海向这边狂奔。
或是黎明之时，那形态不一的辐射光线，
在厚重的云层下喷薄而出，
或是容颜苍白面无血色的Aurora，
离开她的爱人Tithonus那金色的床榻，
哎哟！葡萄叶将完全没法守卫，
这成熟的葡萄美景：
无数凶残的冰雹将在屋顶，
劈里啪啦地跳跃不停。
当太阳神丈量完天空，转身离去之际，
你应该记下这些更有用的提醒；
你经常能看见他英俊的脸庞，
呈现出各色的光影：
天青色宣告了下雨，
火红色则是东风之局，
但若那斑纹像是金红的火炬，
你将见识到这吞噬万物的狂风和暴雨。
谁也不该建议我在那天夜里出海打鱼，
谁要是解开连接陆地的缆绳，那就是蠢驴！

at si, cum referetque diem condetque relatum,

lucidus orbis erit, frustra terrebere nimbis

460 et claro silvas cernes Aquilone[1] moveri.

denique quid Vesper[2] serus vehat, unde serenas

ventus agat nubes, quid cogitet umidus Auster,

Sol tibi signa dabit. Solem quis dicere falsum

audeat. ille etiam caecos instare tumultus

465 saepe monet fraudemque et operta tumescere bella.

ille etiam exstincto miseratus Caesare Romam,

cum caput obscura nitidum ferrugine texit

inpiaque aeternam timuerunt saecula noctem.

tempore quamquam illo tellus quoque et aequora ponti

470 obscenaeque canes inportunaeque volucres

signa dabant. quotiens Cyclopum[3] effervere in agros

vidimus undantem ruptis fornacibus Aetnam[4]

flammarumque globos liquefactaque volvere saxa!

armorum sonitum toto Germania[5] caelo

475 audiit, insolitis tremuerunt motibus Alpes.

---

[1]Aquilo即*Boreas*，北风之神。

[2]Vesper，昏星，见前注I.251。

[3]Cyclops是住在Sicily海岸的独眼巨人。

[4]Aetna是在Sicily的一座火山，相传是火神也是锻冶之神Volcanus的熔炉。而独眼巨人Cyclops也在此给*Zeus*锻造闪电。

[5]当时属于蛮族，占领了罗马北方，Rhine河以东Danube河以北的大片领地。

但若在破晓与黄昏遥望，
太阳神的脸庞清澈明亮，
你若担心乌云密布，多是妄想，
但你要留意你的树木修长，
被那清朗的北风之神，来回地摇荡。

总之，夜晚将迎来什么天象，
何时大风会带来清爽的白云，
潮湿的南风之神又在谋划什么，
这些太阳神都会给你答案。
谁又敢说太阳是不对的？
他时常提醒我们那些隐藏的骚动危机，
还有阴谋诡计，以及战争爆发的痕迹。
Caesar遇难之际，他对罗马表示同情之心，
他用暗红的铁锈把他明亮的脸庞遮隐，
被诸神抛弃的人们恐惧永恒之夜的来临[1]。
不仅如此，那个时候，
大地，海洋，暴戾的狗狗，焦躁的飞禽，
都在留下不详的痕印。
我们多久才能再看见这恐怖的一页：
火神的熔炉Aetna喷发爆裂，
那火焰之球，可以毁灭一切，
那熔岩之浪，在Cyclops的农场肆虐！
战争的号角在Germania回荡，响彻天空，
连Alps山脉也在异常的摇晃中瑟瑟抖动。

---

[1] 一说是日食，但查公元前44年3月15日凯撒遇害前后，罗马地区并无日食。可能是Aetna火山爆发，火山灰遮住了太阳。

vox quoque per lucos volgo exaudita silentis
ingens et simulacra modis pallentia miris
visa sub obscurum noctis, pecudesque locutae,
infandum! sistunt amnes terraeque dehiscunt
480   et maestum inlacrimat templis ebur aeraque sudant.
proluit insano contorquens vertice silvas
fluviorum rex Eridanus[1] camposque per omnis
cum stabulis armenta tulit. nec tempore eodem
tristibus aut extis[2] fibrae adparere minaces
485   aut puteis manare cruor cessavit et altae
per noctem resonare lupis ululantibus urbes.
non alias caelo ceciderunt plura sereno
fulgura nec diri totiens arsere cometae.
ergo inter sese paribus concurrere telis
490   Romanas acies iterum videre Philippi[3];
nec fuit indignum superis, bis sanguine nostro
Emathiam[4] et latos Haemi[5] pinguescere campos.
scilicet et tempus veniet, cum finibus illis
agricola incurvo terram molitus aratro
495   exesa inveniet scabra robigine pila
aut gravibus rastris galeas pulsabit inanis
grandiaque effossis mirabitur ossa sepulchris.

---

[1] *Eridanus*是海神*Tethys*与*Oceanus*之子，被认为是河流之王。Eridanus河即Italia北部的Po河。

[2] exta这里指牺牲祭祀品的内脏器官，祭司通过上面的纹理判断凶吉。

[3] Philippi在Macedonia与Thrace边界，靠近Aegean海沿岸。前42年发生在这里的Philippi之战是Octavian剿灭政敌的决定性战役。

[4] Emathia是Macedonia的一个区域。

[5] Haemus山即Balkan山脉。

原本寂静的圣林里响声震耳欲聋，
骇人的苍白幽影在暗黑之夜现形，
牲畜还会开口说话，真是惊悚！
大地开口打哈欠，河流却静止不动，
神庙里，象牙神像泪如泉，青铜神像汗若涌。
河流之王Eridanus用疯狂的漩涡，
把森林和田地全部吞没，
耕牛连带牛棚一起漂泊！
祭品内脏上从未有如此多的凶兆，
井里也从未如此，涌出鲜血！
城镇里，狼嚎响彻夜空，夺人心魄。
晴天的时候从未有如此多的闪电下落，
扫把星也从未如此频繁地燃烧着怒火。
于是乎，同样在Philippi，同是罗马的军队，
再次[1]用同样的武器同室操戈；
我们的热血，两度浸染滋润，
Emathia和Haemus山脚下那辽阔的领土，
上天的神祗并不认为这很残酷，
总有一天，在这土地上耕作的农夫，
会用曲犁找到重标枪，早已被铁锈蚀蛀。
会用沉重的耙子挖到头盔，里面却没有头颅[2]，
并深深敬畏着，在葬坑里的累累白骨。

---

[1]前48年Caesar战胜Pompey的关键性战役Pharsalus之战也是在希腊。
[2]这里意思是虽然同室操戈，但互相尊敬，对死者的遗骸都有妥善处置。

di patrii, Indigetes[1], et Romule[2] Vestaque[3] mater,
quae Tuscum[4] Tiberim[5] et Romana Palatia[6] servas,
500 hunc saltem everso iuvenem succurrere saeclo
ne prohibete! satis iam pridem sanguine nostro
Laomedonteae[7] luimus periuria Troiae;
iam pridem nobis caeli te regia, Caesar[8],
invidet atque hominum queritur curare triumphos;
505 quippe ubi fas versum atque nefas: tot bella per orbem,
tam multae scelerum facies; non ullus aratro
dignus honos, squalent abductis arva colonis
et curvae rigidum falces conflantur in ensem.
hinc movet Euphrates, illinc Germania bellum;
510 vicinae ruptis inter se legibus urbes
arma ferunt; saevit toto Mars inpius orbe;
ut cum carceribus sese effudere quadrigae,
addunt in spatia et frustra retinacula tendens
fertur equis auriga neque audit currus habenas.

---

[1]指死后神化的英雄人物。
[2]Romulus是罗马的先祖。
[3]Vesta即*Hestia*是*Cronus*与*Rhea*的长女，*Zeus*三兄弟的姐姐，炉灶和家庭的保护神。Romulus的母亲Rhea Silvia是Vesta的女祭司。
[4]Tuscus即今Tuscany地区。
[5]Tiberis河流经罗马城，是Tuscus地区东面的界河，所以Tiberis也被称为Tuscus之河。
[6]Palatium山在罗马城，Octavius在此建立宫殿。
[7]Laomedon是Troy的国王，用假誓亵渎了*Poseidon*和*Apollo*。跟罗马人自认的先祖Aeneas属于同一家族。
[8]即Octavius，参见I.25注。

先祖神明们，祖国的英雄们！

还有始祖Romulus，和Vesta母亲！

你们保卫着Tuscus的Tiberis河，

还有罗马城的Palatium山！

至少不要去阻止这个年轻人[1]，

来拯救我们这个颠倒的时代！

我们用我们的鲜血，

为Laomedon的假誓赎罪，

已经够久了。

同样，天上的宫宇对我们拥有Caesar你而感到嫉妒，

也已经够久了——

神明们抱怨你只关心凡间的凯旋。

当正邪颠倒，满世界都是战争的号角；

而这邪恶还有众多的面貌：

耕作不再被认为是荣耀，

农田被荒弃，农夫被征召，

僵直的短剑，本该是弯曲的镰刀。

这边Euphrates河边战鼓涛涛，

那边Germania大地战旗飘飘。

友邻的都市因为毁约而刀兵相向，

战神Mars的苦水在整个世界流淌；

正如四驱马车越过了起点的屏障，

自行冲入了比赛场，

无论御者如何拉紧马缰，

这马车再也不会听从驾驭，

而是被马儿们拉着，绝尘而去。

---

[1] 指Octavius。

LIBER II

Hactenus arvorum cultus et sidera caeli,
nunc te, Bacche, canam, nec non silvestria tecum
virgulta et prolem tarde crescentis olivae.
huc, pater o Lenaee[1], tuis hic omnia plena
5   muneribus, tibi pampineo gravidus autumno
floret ager, spumat plenis vindemia labris;
huc, pater o Lenaee, veni nudataque musto
tingue novo mecum dereptis crura cothurnis[2].
principio arboribus varia est natura creandis.
10   namque aliae nullis hominum cogentibus ipsae
sponte sua veniunt camposque et flumina late
curva tenent, ut molle siler[3] lentaeque genestae,
populus et glauca canentia fronde salicta;
pars autem posito surgunt de semine, ut altae
15   castaneae nemorumque Iovi quae maxima frondet
aesculus[4] atque habitae Grais oracula quercus[5].

---

[1]Lenaeus是酒神的别名，意为"葡萄酒压榨机"。

[2]cothurnus是一种希腊式的高底长筒靴，脚趾脚背和小腿前方裸露，用鞋带交叉捆绑扎紧，估计不是很容易脱，所以Vergil这里说要扯碎这靴子。

[3]siler是指一种brook willow，学名Salix acmophylla，找不到中文译名，暂按词意译成溪柳。

[4]aesculus相传是一种橡子可食的橡树，叶子宽大，最有可能是Quercus petraea或Quercus frainetto，这里似乎区别于后文的quercus，但也可能是Vergil用互文描写了同一种橡树。

[5]参见前注I.149,159。

卷二

说完了农田的耕作和天上的星辰，
接下来我要歌颂你，Bacchus，我们的酒神！
还要说下，野树的枝条，
和生长缓慢的橄榄幼苗。
来吧，慈父噢[1]，Bacchus，
这里所有的东西都是你的恩赐：
田野的秋日丰饶，
葡萄卷须，因你而繁茂。
那木桶[2]里堆满了收获，全是泡泡！
来吧，慈父噢，Bacchus，
跟我一起来，快把高脚靴直接扯碎扔掉，
让赤脚跟这新鲜的葡萄汁一起泡澡！

最初，大自然孕育了各色的树木，
在没有人类的选择下，有些种族，
按照自己的意志生长散布，
覆盖了原野与河流，拥有广袤的领土：
比如柔软的溪柳，娇嫩的金雀花，和白杨，
还有柳树，它们的叶子会闪闪发光[3]；
还有一些则是从播下的种子开始生长：
比如栗子树，它们高高在上，
那宽叶的橡树，它敬献给神王——
希腊人眼中，代表神谕的圣橡；

---

[1] Liber又被称为Pater Liber。
[2] 指踩葡萄，酿酒用的大木桶。
[3] 柳叶背面颜色发白。

pullulat ab radice aliis densissima silva,
ut cerasis ulmisque; etiam Parnasia[1] laurus
parva sub ingenti matris se subicit umbra.
20   hos natura modos primum dedit, his genus omne
silvarum fruticumque viret nemorumque sacrorum.
sunt alii, quos ipse via sibi repperit usus.
hic plantas tenero abscindens de corpore matrum
deposuit sulcis, hic stirpes obruit arvo
25   quadrifidasque sudes et acuto robore vallos[2];
silvarumque aliae pressos propaginis arcus
exspectant et viva sua plantaria terra;
nil radicis egent aliae summumque putator
haud dubitat terrae referens mandare cacumen.
30   quin et caudicibus sectis — mirabile dictu —
truditur e sicco radix oleagina ligno.

---

[1]Parnasus山在希腊，是*Apollo*和Muse的圣地。Delphi神谕也在此地。
[2]支撑幼苗的木棍，参见I.264。

还有一些从根部密集地出芽，
比如榆树和樱桃，还有Parnasus山的月桂花，
幼苗会躲在母亲的巨大树冠之下。

大自然首先给出了这些模式[1]，
所有品种的灌木、果树以及那神圣树丛[2]，
都是遵守这些模式得以欣欣向荣。
还有一些其他的品种，
人们的实践经验以自己的方法，
为其找到了崭新的模式：
把母株上幼嫩的部分切下，
把那幼枝插到田垄上发芽。
直接把茎秆藏进土里，
底下用刀刻成十字花，
然后用削尖的木桩固定它。
还有一些树木，需要把枝条像弓一样下压，
那活着的幼苗能在自己的土地上长大！
还有一些不需要留着根系，
修剪者毫不迟疑，
把最尖的顶枝剪下，托付给大地。
还有更神奇的事情呐——
如果你把橄榄树的主干砍下，
那根会从干枯的木头上萌发！

---

[1]指前文的三种自然繁殖模式。
[2]指圣林。

et saepe alterius ramos inpune videmus
vertere in alterius mutatamque insita mala
ferre pirum et prunis lapidosa rubescere corna.
35 quare agite o proprios generatim discite cultus,
agricolae, fructusque feros mollite colendo,
neu segnes iaceant terrae. iuvat Ismara[1] Baccho
conserere atque olea magnum vestire Taburnum[2].
tuque ades inceptumque una decurre laborem,
40 o decus, o famae merito pars maxima nostrae,
Maecenas, pelagoque volans da vela patenti;
non ego cuncta meis amplecti versibus opto,
non, mihi si linguae centum sint oraque centum,
ferrea vox; ades et primi lege litoris oram.
45 in manibus terrae; non hic te carmine ficto
atque per ambages et longa exorsa tenebo.

[1]Ismarus山在Thrace地区东南面，这里指代Thrace。
[2]Taburnus山在Italia南部。

我们还经常会看见，
一种植物枝条的上边，
没有任何损失就和另一种植物串联：
改造后的梨树承载了苹果的香甜，
硬若石块的山茱萸[1]在李树上红光满面。

噢，动起来，农夫！
来学习植物的栽植之术，
去用心培育野生的果木，
不要让那土地懒惰荒芜！
人们乐于在Ismarus山上种葡萄树，
在Taburnus山头装扮厚厚的橄榄株。
Maecenas，来吧，
跟我一道，继续已经开始的劳作，
噢，荣耀之人，
噢，众望所归之人，
扬起船帆，飞越这无尽之海[2]！
我可没那本事，把所有这些都写进诗里，
不，纵使我有一百条舌头和一百张嘴一起，
加上那坚韧如铁的嗓音，可还是差强人意！
来吧，从那最近的海岸直航而来！
陆地已经触手可及，
此时我可不会用虚假的歌声留住你的缆绳，
更不会用冗长晦涩的开场白耽误你的航程。

---

[1]山茱萸果实是红色的，木制硬，密度大，常用作武器。
[2]参见IV.116。

sponte sua quae se tollunt in luminis oras,
infecunda quidem, sed laeta et fortia surgunt;
quippe solo natura subest. tamen haec quoque, si quis
50   inserat aut scrobibus mandet mutata subactis,
exuerint silvestrem animum cultuque frequenti
in quascumque voles artis haud tarda sequentur.
nec non et sterilis, quae stirpibus exit ab imis,
hoc faciat, vacuos si sit digesta per agros;
55   nunc altae frondes et rami matris opacant
crescentique adimunt fetus uruntque ferentem.
iam quae seminibus iactis se sustulit arbos
tarda venit seris factura nepotibus umbram,
pomaque degenerant sucos oblita priores
60   et turpis avibus praedam fert uva racemos.
scilicet omnibus est labor inpendendus et omnes
cogendae in sulcum ac multa mercede domandae.

有些植物自发朝上向着光明的世界，
它们不会结果，但是强壮且愉悦，
那是因为土壤里富含自然之力。
但若把它们嫁接，
或是移栽到挖好的沟里，
它们则会失去这树木的天性，
而且经过频繁的培育栽植，
它们会毫不迟疑地跟随着你的指示。
甚至是那树桩上萌发出来的不育之枝，
只要被播撒到旷野，亦会如此；
除非它们被母株繁茂的枝叶所遮蔽，
以致枝条纤细，果实凋零。
而那些从种子自行长大的树植，
通常发育缓缓迟迟，
只能帮你的孙子辈遮荫蔽日；
而且那退化的果实，
忘却了往日的甜汁，
藤上那串劣质的果子，
沦为了小鸟们的零食。
显而易见：
所有的事情都依赖劳作的辛苦，
所有的品种都需要田垄的驯服，
所有的收获都来自巨大的付出。

sed truncis oleae melius, propagine vites
respondent, solido Paphiae[1] de robore myrtus;
65   plantis edurae coryli nascuntur et ingens
fraxinus Herculeaeque[2] arbos umbrosa coronae
Chaoniique Patris glandes, etiam ardua palma
nascitur et casus abies visura marinos.
inseritur vero et fetu nucis arbutus horrida,
70   et steriles platani malos gessere valentis;
castaneae fagus, ornusque incanuit albo
flore piri glandemque sues fregere sub ulmis.
nec modus inserere atque oculos inponere simplex.
nam qua se medio trudunt de cortice gemmae
75   et tenuis rumpunt tunicas, angustus in ipso
fit nodo sinus, huc aliena ex arbore germen
includunt udoque docent inolescere libro.
aut rursum enodes trunci resecantur et alte
finditur in solidum cuneis via, deinde feraces
80   plantae inmittuntur: nec longum tempus, et ingens
exiit ad caelum ramis felicibus arbos
miraturque novas frondes et non sua poma.

---

[1]Paphos是在Cyprus岛上的城市。Venus即*Aphrodite*被认为在Cyprus附
近的海域降生，所以又被称为Cypris，即“Cyprus之女士”。而香桃木则
是Venus的圣花，参见前注I.28。

[2]Herculeus是古希腊完成十二伟业的半神英雄。他头上带着白杨的花冠。

说来栽种橄榄最好是用枝干，

繁育葡萄则是压条，

Cyprus的香桃木要整株移栽；

坚硬的榛树，巨大的梣[1]树，

以及枝叶茂密的Herculeus之冠，则需要幼苗；

父神的Chaonia之树[2]从橡子而来，

高耸的棕榈，同样如此，

还有那即将目睹大海惨烈的银冷杉[3]。

涩口的野莓真的可以嫁接到核桃幼枝上，

充满活力的苹果在无果的悬铃木上摇晃，

榉树上，板栗在快乐成长，

野山杉被白色的梨花浸染，

榆树下，猪的嘴里，橡子嚼得香香。

植芽和插枝可不是一回事：

当嫩芽冲破了纤薄的树皮之后，

在它的芽节处切一狭窄的刀口，

可以在此接上其他树木的芽头，

并说服它在湿润的皮层上将就[4]。

或是把无节光滑的树干切掉，

用楔子劈开一条深入木芯的通道，

在那之后，插入果树的枝条，

不需很久，那树就长得高耸入云，枝繁叶茂，

并惊叹于新奇的叶子，和不属于自己的珍宝。

---

[1] 梣，音辰。

[2] 参见前注I.8。

[3] 指可以造船。

[4] 前几句说植芽，后面讲插枝。

praeterea genus haud unum nec fortibus ulmis

nec salici lotoque[1] neque Idaeis[2] cyparissis,

85   nec pingues unam in faciem nascuntur olivae,

orchades et radii et amara pausia baca

pomaque et Alcinoi[3] silvae, nec surculus idem

Crustumiis[4] Syriisque piris gravibusque volemis[5].

non eadem arboribus pendet vindemia nostris,

90   quam Methymnaeo carpit de palmite Lesbos[6];

sunt Thasiae[7] vites, sunt et Mareotides[8] albae,

pinguibus hae terris habiles, levioribus illae,

et passo Psithia[9] utilior tenuisque lageos[10]

temptatura pedes olim vincturaque linguam,

95   purpureae preciaeque[11], et quo te carmine dicam,

Rhaetica[12]? nec cellis ideo contende Falernis[13].

---

[1]lotus可以指很多不同的植物，这里根据上下文应该是一种树，大概是Odyssey里提及的一种果树，味甜如枣，吃了以后忘掉了家园和朋友，不愿意离开。可能是Diospyros lotus或者Ziziphus lotus，暂译为忘忧枣。

[2]这里的Ida山有可能是Crete岛上的Ida山，Zeus年幼时居住在此；又或是Phrygia的Ida山，有地母神Cybele崇拜，在今Turkey中部。

[3]Odyssey里提及，Alcinous是Scheria岛上的国王，他的王宫里有一片果园，常年盛产各种水果。

[4]Crustumius河在Italia。

[5]volaemum 或者volemum 是一种很大的梨，但是已经无法考证具体的品种。

[6]Lesbos岛在Aegean海，Methymna是岛上的一个城镇。

[7]Thasos是Angean海上的一个岛。

[8]Mareotis湖在埃及，Alexandria城南。

[9]Psithia这个地名已经失考。

[10]lageos指一种希腊产的葡萄。

[11]precia也是一种葡萄酒名，失考。一说是早熟的品种，存疑。

[12]Rhaetia或Raetia是罗马的一个行省，在Alps山区。这里应该是指代其出产的葡萄和酒。

[13]Falernus山在Italia中部，今名Massico山，盛产美酒。

另外，那强壮的榆树可不是只有一种，

还有柳树，忘忧枣，还有Ida山的柏树；

肥美的橄榄，也不止是长成一个样子：

椭圆形的orchas，长条的radius，

苦涩多油的pausea，小圆果的baca，

而Alcinous树林里的果实也是如此。

各种梨子的嫁接方法也不一样：

Crustumius梨，Syria梨，

还有硕大的volemum梨。

Lesbos人在Methymna的葡萄藤上摘的果子，

跟我们藤上挂的葡萄也不一样；

Thasos葡萄，Mareotis湖的白葡萄，

一些适合肥沃的土壤，

一些则可以种在贫瘠之田；

Psithia的适合晒干酿酒[1]；

娇小的Lageos总有一天，

要经历双足的考验，

要通过舌尖的品鉴；

紫红色的Precia；

还有那Rhaetica，

我该如何把你歌唱？

但千万别因此自吹，

去跟Falernus的酒窖媲美！

---

[1] 即麦秆酒或葡萄干酒，用葡萄晒干或风干之后再酿酒。

sunt et Amineae[1] vites, firmissima vina,

Tmolius[2] adsurgit quibus et rex ipse Phanaeus[3];

Argitisque[4] minor, cui non certaverit ulla

100   aut tantum fluere aut totidem durare per annos.

non ego te, dis et mensis accepta secundis,

transierim, Rhodia[5], et tumidis, Bumaste[6], racemis.

sed neque quam multae species nec nomina quae sint

est numerus; neque enim numero conprendere refert;

105   quem qui scire velit, Libyci velit aequoris idem

discere quam multae Zephyro[7] turbentur harenae,

aut ubi navigiis violentior incidit Eurus[8],

nosse, quot Ionii[9] veniant ad litora fluctus.

nec vero terrae ferre omnes omnia possunt.

110   fluminibus salices crassisque paludibus alni

nascuntur, steriles saxosis montibus orni;

litora myrtetis laetissima; denique apertos

Bacchus amat collis, Aquilonem[10] et frigora taxi.

---

[1] 可能是地名，失考。一说也是Falernus当地的酒。
[2] Tmolus山，参见I.56。
[3] Phanae是Aegean海的Chios岛上的城镇。
[4] Argitis是一种白葡萄。
[5] Rhodos岛也在Aegean海。
[6] Bumastus是一种果实饱满的葡萄。
[7] Zephyrus，西风之神。
[8] Eurus是东风之神或东南风之神。
[9] Ionius，即Ionian海，在希腊西海岸，意大利的东海岸。
[10] Aquilo，北风之神。

还有那Aminea葡萄，酒味最醇正，
连Tmolius和Phanaeus之王都要甘拜下风，
还有那小果的Argitis，
没有任何品种可以跟它竞争，
那高产和持久窖藏的保证。
噢，我可不会错过你，Rhodia，
还有那硕果满串的Bumastus，
用来献给神明，还有那第二场饮宴[1]！
究竟有多少的品种，多少的名目，
都没有办法仔细清点；
甚至也没有必要去真正数一遍。
有人若想知晓这个数目，
那他也必定也想计算，
西风吹拂着Libya平原，
会有多少沙子随之盘旋，
或是更猛烈的东风袭击渔船，
会有多少浪花打向Ionius海岸。

绝对不是所有的土地都适合所有的树木。
柳树生活在水边，
桤木喜欢肥沃的湿地，
不育的野山杉住在多岩山地，
香桃木在海岸边最是欢喜，
最后，葡萄钟情裸露的丘陵，
而红豆杉最爱北风与寒气。

---

[1]古希腊宴会，第一场为单纯用餐，第二场开始饮酒享乐，以祭祀酒神开场。

aspice et extremis domitum cultoribus orbem

115   Eoasque[1] domos Arabum pictosque Gelonos[2]:

divisae arboribus patriae. sola India nigrum

fert ebenum, solis est turea virga Sabaeis[3].

quid tibi odorato referam sudantia ligno

balsamaque[4] et bacas semper frondentis acanthi[5]?

120   quid nemora Aethiopum[6] molli canentia lana,

velleraque ut foliis depectant tenuia Seres[7]?

aut quos Oceano propior gerit India lucos,

extremi sinus orbis, ubi aera vincere summum

arboris haud ullae iactu potuere sagittae?

125   et gens illa quidem sumptis non tarda pharetris.

Media[8] fert tristis sucos tardumque saporem

felicis mali, quo non praesentius ullum,

pocula si quando saevae infecere novercae,

miscueruntque herbas et non innoxia verba,[9]

130   auxilium venit ac membris agit atra venena.

---

[1] *Eos*，曙光女神。

[2] Geloni 即极北之地Scythia的居民，在今Ukraine。参见前注I.240。

[3] 见前注I.57。

[4] balsama香树脂，也叫香膏或是香胶。可能来自各种不同的树木。

[5] acanthus是一种灌木，一译茛苕，常作为建筑浮雕装饰。

[6] 即Ethiopia，那个时代最远探至Nile河上游，大概在今Sudan，South Sudan和Ethiopia。

[7] Seres指古希腊罗马人所知极东之地的产丝之国。Vergil著此书，时前汉元帝建昭至成帝建始年间。

[8] 这里普遍认为指的是Media（参见I.215）产的枸橼，或叫香橼，学名Citrus medica。但这种植物普遍个头不大，跟后文描述不符，存疑。

[9] II.129此行与III.283完全一致，有些版本认为是衍文。

你看，世界各个角落的劳作者在征服大地：
在曙光之处安家的Arabs人，
喜欢纹身的Gelonos人，
各处的树木划分了我们的家园：
唯有India出产黑色的乌木，
而Sabaeus人才有乳香木枝条，
我为什么还要跟你介绍，
那香味树枝里流淌出来的香膏，
还有长满浆果，常青的莨苕[1]，
Ethiopia的灌木上长了柔软的羊毛，
Seres人在树叶上梳下纤细的丝料[2]？
在地球的尽头，India毗邻大海的神庙[3]，
那里最高的树梢，
无论什么弓箭都射不到，
可不是因为那里的人们学弓术没有老师教！
Media的健康果实回味悠长，汁水涩苦，
但无论何时，若那残忍的继母，
用混合的毒草和可怕的咒术，
给你的饮料下毒，
它总是能提供帮助，
把那黑色的毒液，
从四肢全部祛除。

---

[1]莨，音艮；苕，音芍或条。
[2]原文是"纤细的羊毛"。
[3]lucus原意是围绕神庙的圣林或是神圣化的树林。

ipsa ingens arbos faciemque simillima lauro;
et, si non alium late iactaret odorem,
laurus erat; folia haud ullis labentia ventis;
flos ad prima tenax; animas et olentia Medi
135   ora fovent illo et senibus medicantur anhelis.
sed neque Medorum[1] silvae, ditissima terra,
nec pulcher Ganges atque auro turbidus Hermus[2]
laudibus Italiae certent, non Bactra[3] neque Indi
totaque turiferis Panchaia[4] pinguis harenis.
140   haec loca non tauri spirantes naribus ignem
invertere satis inmanis dentibus hydri
nec galeis densisque virum seges horruit hastis;
sed gravidae fruges et Bacchi Massicus[5] umor
inplevere; tenent oleae armentaque laeta.
145   hinc bellator equus campo sese arduus infert;
hinc albi, Clitumne[6], greges et maxima taurus
victima, saepe tuo perfusi flumine sacro,
Romanos ad templa deum duxere triumphos.

---

[1] 即Media。
[2] Hermus河，在今Turkey。
[3] Bactra是一古城，在今Afghanistan。
[4] 这是一个虚构的岛，传说在Arabia以东的海上。
[5] Massicus山即Falernus山，在Italia中南的Campania地区。参见II.96。
[6] Clitumnus是Italia中部Umbria地区的一条小河，是一条圣河。

Media它树木巨大，与月桂相似的外观，
而且，若不是那香味弥漫极远，
那真的就是月桂一般。
那树叶不会被任何大风吹散，
那花儿也有异常顽固的花瓣，
口臭可以借它味道加以改善，
它还能治疗老人的胸闷气短。

但无论是那拥有最肥沃土地的Media森林，
还是那壮丽的Ganges河，以及混着金砂的Hermus河，
都无法与Italia的荣耀相提并论，
更别提Bactra与India，
或是那沙地上都是香料作物的Panchaia!
这块土地没有那鼻孔喷火的耕牛两只，
去播种那水龙的巨大牙齿，
农田里更没有伫立着披盔带矛的武士[1]。
但是这里堆满了沉甸的果实，
Massicus山的葡萄富含果汁，
到处是快乐的耕牛和橄榄枝。
此处，高大的战马在平原奔驰，
此处，白色的羊群和公牛，最高等级的祭祀，
噢，圣河Clitumnus，
它们经常在你的怀里洁身除渍，
然后将引领凯旋的仪式，
直达罗马那众神的圣祠。

---

[1]这是希腊神话金羊毛的故事。主人公Jason用喷火的牛Khalkotauroi耕种了龙牙，收获了士兵。Vergil这里强调Italia的富庶不是靠这些神话里的神器。

hic ver adsiduum atque alienis mensibus aestas

150 bis gravidae pecudes, bis pomis utilis arbos.

at rabidae tigres absunt et saeva leonum

semina nec miseros fallunt aconita legentis

nec rapit inmensos orbis per humum neque tanto

squameus in spiram tractu se colligit anguis.

155 adde tot egregias urbes operumque laborem,

tot congesta manu praeruptis oppida saxis

fluminaque antiquos subter labentia muros.

an mare, quod supra, memorem, quodque adluit infra?

anne lacus tantos? te, Lari[1] maxume, teque,

160 fluctibus et fremitu adsurgens Benace[2] marino?

an memorem portus Lucrinoque[3] addita claustra

atque indignatum magnis stridoribus aequor,

Iulia[4] qua ponto longe sonat unda refuso

Tyrrhenusque[5] fretis inmittitur aestus Avernis[6]?

---

[1]Larius湖，在Alps山脚，今Como湖。

[2]Benacus湖，也在Alps山脚，今Garda湖。

[3]Lucrinus湖，在Naples城外，Julius港海岸边，与大海有水道相通。后罗马人在出海口设置了一道闸门障碍，就是所谓的claustra。

[4]Julius港是Naples城外的军港。

[5]即今Tyrrhenian海。

[6]Avernus湖在Lucrinus 湖附近，一侧为Julius军港，Naples湾的一部分，另一侧就是大海，即Tyrrhenus海。罗马人在两湖之间挖了人工运河，使得Avernus湖变成了港口的一部分，而且军舰可以躲在Avernus湖里，外面海上的敌舰无法看见。还有一条秘密的隧道从Avernus湖直通Tyrrhenian海边的Cumae。这些设置使得Julius港在Naulochus之战中发挥了决定性的作用。湖水有毒，不见飞鸟，所以又被神化成冥府的池沼。

这里，四季常春，酷夏却不常至[1]，

牲畜两度产子，树木两度结实。

没有凶暴的老虎，也没有残忍的幼狮，

没有乌头[2]被不幸的采集者误食，

更没有带鳞的巨蛇在地上围出一个大圈，

或者盘在一起成为一个巨大的螺旋。

还要算上所有这些华美的都会，

都是劳作的心血；

陡峭山岩上的城镇，我们亲手而建，

古城墙边的护城河水，涛涛不绝。

或是我要说起那大海，

同时在上面和下面冲刷[3]，

或是那众多的湖泊——

噢，你，巨大的Larius湖，

还有你，Benacus湖，

你有大海般的波浪和涛声！

抑或我要说到那个港口，

那建在Lucrinus湖口的海上要塞，

它听着怒吼的大海，

Julius港的波涛回响，海水被拒之门外，

但为何Tyrrhenus的海浪澎湃，

还是涌进了Avernus的水道里来[4]？

---

[1] 原文是"夏天在别的月份"。Italia靠着Tyrrhenus海一侧是典型的地中海气候，冬日温暖多雨，夏日干燥凉爽。

[2] aconitum即乌头，一种植物，剧毒。

[3] 指Italia半岛两侧的海。参见I.233-251的地球模型，向北为上，向南为下。上方的海即Adriatic海，下方的海即Tyrrhenus海。

[4] 见前页注。

165 haec eadem argenti rivos aerisque metalla
     ostendit venis atque auro plurima fluxit.
     haec genus acre virum, Marsos[1] pubemque Sabellam[2]
     adsuetumque malo Ligurem[3] Volscosque[4] verutos
     extulit, haec Decios, Marios, magnosque Camillos,
170 Scipiadas duros bello et te, maxume Caesar,
     qui nunc extremis Asiae iam victor in oris
     inbellem avertis Romanis arcibus Indum.
     salve, magna parens frugum, Saturnia tellus,
     magna virum; tibi res antiquae laudis et artem
175 ingredior, sanctos ausus recludere fontis,
     Ascraeumque[5] cano Romana per oppida carmen.
     nunc locus arvorum ingeniis, quae robora cuique,
     quis color et quae sit rebus natura ferendis.
     difficiles primum terrae collesque maligni,
180 tenuis ubi argilla et dumosis calculus arvis,
     Palladia[6] gaudent silva vivacis olivae.

---

[1]Marsi人是生活在Italia中部Fucinus湖周边的族裔，在同盟战争中罗马的主要对手之一。

[2]Sabelli人生活在Italia中南部。

[3]Ligures人居住在Italia西北部。

[4]Volsci人居住在罗马城东南方的平原上，是罗马最早也是最危险的对手。Octavius相传有Volsci血统。

[5]Ascra是希腊中部的一个小镇，诗人Hesiod出生地，位于Helicon山，即Muse女神的圣山的山脚。这里既是向Hesiod的《工作与时日》致敬，也是向Muse致敬。参见II.475注。

[6]Pallas Athena是女神Athena最初的名号，原意可能是"年轻的女士"，后来Pallas被神化，但故事有不同的版本。比如一种版本说Pallas是Athena少时玩伴，被Athena失手杀死。而后Athena就开始用她的名字，以示纪念。关于橄榄树，参见I.18。

就在此处，铜矿和银溪深入血脉，

黄金则遍地流淌，长盛不衰。

此处还有最勇敢的族群：

好战的Marsi人和Sabelli人，

吃苦耐劳的Ligures人，还有那Volsci掷矛手；

此处有Decius家族，Marius家族，

和强大的Camillus家族，

战场上坚韧的Scipio家族[1]，

还有你，最伟大的Caesar！

你的征服直达Asia海岸的最远处，

你在罗马的要塞让胆怯的Indus人臣服！

万岁！农神Saturnus之土[2]！

伟大的丰收之母！伟大的人类之母！

为了你，我将开启这远古的赞美，

斗胆饮用这圣泉之水[3]，

走遍罗马各地的小镇，

唱响Ascra的光辉！

下面要说下各种土地的特性，

它们各自的强处，各自的颜色，各自适合的物种。

首先说下那困难的土壤，崎岖的山地，

那里的白土贫瘠，

到处是小石子和荆棘，

但是Athena那长寿的橄榄树最让这土地欢喜。

---

[1]这几个家族是罗马比较显赫的家族，共和国时代经常出任执政，参与对外战争。

[2]参见前注I.336。

[3]Muse女神的形象与泉水常有关联。她们经常被称为Aganippids，泉水之女神。

indicio est tractu surgens oleaster eodem
plurimus et strati bacis silvestribus agri.
at quae pinguis humus dulcique uligine laeta,
185　quique frequens herbis et fertilis ubere campus —
qualem saepe cava montis convalle solemus
despicere; huc summis liquuntur rupibus amnes
felicemque trahunt limum — quique editus Austro[1]
et filicem curvis invisam pascit aratris:
190　hic tibi praevalidas olim multoque fluentis
sufficiet Baccho vitis, hic fertilis uvae,
hic laticis, qualem pateris libamus et auro,
inflavit cum pinguis ebur Tyrrhenus[2] ad aras,
lancibus et pandis fumantia reddimus exta.

---

[1]Auster，南风之神。
[2]Tyrrhenus海，指代居住在海边的Etruria人。在罗马之前在Italia中部建立了城邦国家，后来被罗马吞并。

这么多品种的野橄榄树，

在同一块地上叶茂枝繁，

而地上野生的小果泛滥，

那是对土地最好的称赞。

但那肥沃的土壤，

被甜美的湿气所滋润，

那沃土平原上野草茂密，

（正如我们毫不诧异，

从高处俯瞰山间谷地，

从山顶流下来的小溪，

带来了肥沃的淤泥。）

那朝南的土地，养育了各种蕨类，

可是那曲犁却是有点吃亏[1]：

有朝一日这里将为你培育出，

最强壮的葡萄树，

流淌的美酒能让你满足。

这里能产出饱满的葡萄，还有——

圣坛边那肥硕的Etrusia人，

他用象牙[2]吹起的乐章；

在弯曲的[3]祭盘上，

腾着热气的内脏[4]，

从黄金的祭碗里，

撒出的神露琼浆[5]。

---

[1]对耕作不友好。

[2]这里应该是一种象牙制的乐器，可能是笛子或者吹管。

[3]pandus译为弯曲的，但是现存的祭祀用的盘子看上去没有特别弯曲。可能是形容祭品过于丰盛，把金属的祭盘压弯了。

[4]指祭品，用来占卜。

[5]这里是敬给神的酒。

195   sin armenta magis studium vitulosque tueri
       aut ovium fetum aut urentis culta capellas,
       saltus et saturi petito longinqua Tarenti[1]
       et qualem infelix amisit Mantua[2] campum,
       pascentem niveos herboso flumine cycnos;
200   non liquidi gregibus fontes, non gramina deerunt;
       et, quantum longis carpent armenta diebus,
       exigua tantum gelidus ros nocte reponet.
       nigra fere et presso pinguis sub vomere terra
       et cui putre solum, — namque hoc imitamur arando —
205   optima frumentis; non ullo ex aequore cernes
       plura domum tardis decedere plaustra iuvencis;
       aut unde iratus silvam devexit arator
       et nemora evertit multos ignava per annos
       antiquasque domos avium cum stirpibus imis
210   eruit; illae altum nidis petiere relictis,
       at rudis enituit inpulso vomere campus.

---

[1]Tarentum在Italia东南，今Taranto，距离罗马城很远。
[2]Mantua在Italia北部，Vergil的出生地。

但若你更想去研究，

如何照顾耕牛和初生牛犊的成长，

或是羊羔和那破坏农作物的山羊，

那就要去找寻比如遥远Tarentum的肥沃牧场，

或是像不幸的Mantua已经失去的农庄[1]，

那里水草茂密，雪白的天鹅成群翱翔。

这里不缺兽群的三餐：

广袤的草地和流动的清泉，

而且，它们在漫长的白天吃掉几圈，

那寒露就能在短暂的夜晚补充几段。

若是犁头下的土地像是黑炭，

土地肥沃，质地松软，

就像你刚刚耕完，

那对谷物是最好的家园。

丰收之日的平原，

你从未见过如此众多的车轮辗转，

被小牛们[2]缓缓拉动，离开牛圈。

或是当那怒气满满的耕夫，

翻开常年荒芜的林场，

挖走深入土地的树桩，

被捣毁的鸟巢，历尽沧桑；

可怜的小鸟只能放弃居所，飞向远方，

而那处女地随着犁头翻动，闪闪发光。

---

[1]这里Vergil似乎在吐苦水，说自己家乡附近的土地被Octavius的老兵安置计划强征。
[2]iuvencus指年幼或者年轻的牛。这里可能意思是成年的牛不够用了，把能拉动车的小牛也拉出来，所以速度很慢，也可能是说粮车太重，最年轻壮实的牛也拉不太动。

nam ieiuna quidem clivosi glarea ruris
vix humilis apibus casias[1] roremque ministrat;
et tophus scaber et nigris exesa chelydris
215 creta negant alios aeque serpentibus agros
dulcem ferre cibum et curvas praebere latebras.
quae tenuem exhalat nebulam fumosque volucris
et bibit umorem et, cum volt, ex se ipsa remittit
quaeque suo semper viridi se gramine vestit
220 nec scabie et salsa laedit robigine ferrum,
illa tibi laetis intexet vitibus ulmos,
illa ferax oleo est, illam experiere colendo
et facilem pecori et patientem vomeris unci.
talem dives arat Capua[2] et vicina Vesevo[3]
225 ora iugo et vacuis Clanius[4] non aequus Acerris[5].
nunc, quo quamque modo possis cognoscere, dicam.
rara sit an supra morem si densa requires —
altera frumentis quoniam favet, altera Baccho,
densa magis Cereri, rarissima quaeque Lyaeo[6] —
230 ante locum capies oculis alteque iubebis
in solido puteum demitti omnemque repones
rursus humum et pedibus summas aequabis harenas.

---

[1] casia在卷二出现两次，这里指一种叫瑞香的植物，有香气，会吸引蜜蜂。

[2] Capua是Italia中南部的小镇。

[3] Vesevus山，靠近Capua。

[4] Clanius河，也在Capua附近。

[5] Acerrae是Clanius河边的小镇，但经常受其河水泛滥之苦。十七世纪时人们修建了运河将河水人工改道。

[6] Lyaeus也是酒神Bacchus的别名，意为"解忧者"。

而那不毛的碎石山地，
连给蜜蜂采蜜的低矮瑞香或迷迭香都供养不起；
凝灰岩，粗糙无比，
白垩岩，被黑色的水蛇磨砺，
再也没有别的土地，
更能为蛇类提供美食和蜿蜒的藏匿。
还有一种土壤，总有稀薄的雾气游走，
它能把水汽随意释放或吸收，
它总给自己穿上绿色的衣袖，
更不会让这铁犁头腐蚀生锈。
那里，让榆树挂满快乐的葡萄酒，
那里，让枝头全是颗颗的橄榄油，
那里，你只要试着上手，
就能收获，这轻松快乐的老耕牛，
和那结实耐用的铁犁头。
你要看这土地的耕作，就要去富饶的Capua参观，
或在Vesevus山附近，那里靠近海岸，
还有Clanius的河谷平原，
唯独它对荒弃的Acerrae不太友善。

现在我要说下，各种土地如何分辨：
不管你想找疏松的或是异常紧实的，
（因为一种适合谷物，另一种适合葡萄，
紧实的要留给谷神Ceres，
而最疏松的都要给酒神Bacchus。）
首先看准一块土地，让人挖一个深坑，
然后把全部的土回填，一点不剩，
最后试着用双脚把最高的沙堆踩平整。

si deerunt, rarum pecorique et vitibus almis
aptius uber erit; sin in sua posse negabunt
235   ire loca et scrobibus superabit terra repletis,
spissus ager; glaebas cunctantis crassaque terga
exspecta et validis terram proscinde iuvencis.
salsa autem tellus et quae perhibetur amara,
— frugibus infelix, ea nec mansuescit arando
240   nec Baccho genus aut pomis sua nomina servat —
tale dabit specimen: tu spisso vimine qualos
colaque prelorum fumosis deripe tectis;
huc ager ille malus dulcesque a fontibus undae
ad plenum calcentur; aqua eluctabitur omnis
245   scilicet, et grandes ibunt per vimina guttae;
at sapor indicium faciet manifestus et ora
tristia temptantum sensu torquebit amaro.

如果土坑没有填满，

那这土就是疏松的质感，

它会像乳房一般，

滋润着牛群和葡萄园。

但是若这土不愿意回到坑里来，

坑全部填满了以后，

地上还是一个大鼓腮，

那就是紧实的形态，

你就要留意厚重的坡脊和慵懒的土块，

快找最年轻强壮的耕牛把它耕开！

还有那盐碱地，被称为苦涩之土，

（它不向铁犁屈服，让果实绝收，

让葡萄绝种，毫不在意它自己的名头。）

这里有鉴别之方：

从你那烟火缭绕的厨房[1]，

拿出压酒机的滤盆或是厚实的篮筐，

用这劣质的土壤填装，

再拿甜美的清泉满上，

你马上就看到水分全部流光，

大滴的水珠漏过篮子的枝框，

你要的证明，只差一口品尝：

那苦味会让你面目狰狞，终生难忘。

---

[1]tectum本意是屋顶或天花板，引申为屋顶下面的空间，也可以是指整栋房子或者其中某一部分。但是查不到罗马时代有阁楼的记录，存疑。可能是特指厨房或者某个有炉火或者篝火的区域（烟熏），也有可能指这些器皿都悬挂在屋梁之上或者是墙壁高处。

pinguis item quae sit tellus, hoc denique pacto
discimus: haud umquam manibus iactata fatiscit,
250   sed picis in morem ad digitos lentescit habendo.
umida maiores herbas alit, ipsaque iusto
laetior. a! nimium ne sit mihi fertilis illa
nec se praevalidam primis ostendat aristis!
quae gravis est, ipso tacitam se pondere prodit,
255   quaeque levis. promptum est oculis praediscere nigram,
et quis cui color. at sceleratum exquirere frigus
difficile est: piceae tantum taxique nocentes
interdum aut hederae pandunt vestigia nigrae.
his animadversis terram multo ante memento
260   excoquere et magnos scrobibus concidere montis,
ante supinatas Aquiloni[1] ostendere glaebas,
quam laetum infodias vitis genus. optima putri
arva solo: id venti curant gelidaeque pruinae
et labefacta movens robustus iugera fossor.

---

[1]Aquilo，北风之神。

最后我们用下面这种方法寻找肥沃的土壤：
你拿手拨弄它，它从来不散块，
反而像是沥青一样，粘到手指上来。
这湿润的土壤让野草长得更开，
它本身也比一般的土更加光彩，
啊！不行，对我而言这土实在是太过肥沃，
不要让它在初穗[1]上展示强大的威力！
那些致密重质的土地，
会默默地在重量上显露自己，
疏松轻质的，同理。
你用眼睛就能知晓，
黑色的土地，或是其他的色调。
但是要找到那污秽的寒土，却不是那么容易：
只有赤松和有毒的红豆杉[2]栖息，
或是黑色的常春藤[3]出没，
才会时而显露它的痕迹。

在你了解这些之后，
记得要提前很久，让土地晒干晾干，
然后用沟壑把大山盖满，
让北风吹拂翻开的土团，
然后再种下多产的葡萄枝干。
最好的耕地需要土质松软：
不过那大风和冰霜会帮你解决困难，
还有把已经松散的土地铲开的壮汉。

---

[1] 可能会影响后面花穗的产量。
[2] 红豆杉有毒，吃叶子能致死。
[3] 常春藤果实是黑色的。

265 ac si quos haud ulla viros vigilantia fugit,
ante locum similem exquirunt, ubi prima paretur
arboribus seges et quo mox digesta feratur,
mutatam ignorent subito ne semina matrem.
quin etiam caeli regionem in cortice signant,
270 ut, quo quaeque modo steterit, qua parte calores
Austrinos tulerit, quae terga obverterit axi,
restituant: adeo in teneris consuescere multum est.
collibus an plano melius sit ponere vitem,
quaere prius. si pinguis agros metabere campi,
275 densa sere; in denso non segnior ubere Bacchus;
sin tumulis adclive solum collisque supinos,
indulge ordinibus, nec setius omnis in unguem
arboribus positis secto via limite quadret.

倘若那困意还没有带走这些壮丁,
让他们首先准备好给幼苗的田地,
要让这些幼苗依次[1]排列种植,
而且跟那些大树所在的土地要相似,
这样,大地母亲的突然变换,
它们就会全然不知。
他们还在幼苗的树皮上标记好天空的位置,
这样移栽后它们可以保持原来的姿势:
一边面朝温暖的南风之手,
一边背靠不动的北天之轴;
年轻的时候,适应力的确很牛!
首先要了解你的幼苗,
是种平地好还是种山坡上好,
你若是丈量预估肥沃的平原,
那就把树种得又密又满,
葡萄在这里不会因为密集而偷懒;
但若这土壤在斜坡或是丘陵山地,
你要让它们保持距离,
用纵横的道路网分地成畦[2],
让树木依次排列,完美之极。

---

[1]按照移栽的顺序。
[2]畦,音齐,指排列整齐的长方形田地。

　　　ut saepe ingenti bello cum longa cohortis
280　explicuit legio et campo stetit agmen aperto,
　　　directaeque acies, ac late fluctuat omnis
　　　aere renidenti tellus, necdum horrida miscent
　　　proelia, sed dubius mediis Mars[1] errat in armis:
　　　omnia sint paribus numeris dimensa viarum;
285　non animum modo uti pascat prospectus inanem,
　　　sed quia non aliter viris dabit omnibus aequas
　　　terra neque in vacuum poterunt se extendere rami.
　　　forsitan et scrobibus quae sint fastigia quaeras.
　　　ausim vel tenui vitem committere sulco.
290　altior ac penitus terrae defigitur arbos,
　　　aesculus in primis, quae quantum vertice ad auras
　　　aetherias, tantum radice in Tartara[2] tendit.
　　　ergo non hiemes illam, non flabra neque imbres
　　　convellunt; inmota manet, multosque nepotes,
295　multa virum volvens durando saecula vincit.

---

[1]Mars即Ares，战神。罗马人自认是战神的后裔。
[2]Tartarus地狱，参见前注I.36。

正如经常在那无边战场，
庞大的军团展开阵型，
士兵在开阔平原上站桩，
方阵的前锋，整齐成行，
铜质的武器和盔甲被擦得锃亮，
伫立在这辽阔的原野，
如同丰收时节的麦浪！
他们还未奔赴残酷的战斗，
而Mars的神魂，在军阵中游荡！
所以要让你的这些道路均匀间隔，
这样绝不止是为了美观，
让你空虚的灵魂享受这绝景，
更是因为唯有如此才对所有树木都公平，
这土地才会均匀分配它的活力之血，
而且树木也有足够的空间开枝散叶。

你或许问种这些树木，该要多深的土，
我会在浅沟中，放心地种上葡萄树，
但那大树则要深入大地，保持牢固。
特别是橡树，那枝叶向着苍穹伸出多高，
那根系就要向着Tartarus地狱蔓延多少。
于是，无论是寒冬，狂风或是雨暴，
都无法将这树木动摇。
历经沧海桑田，物是人非，
一代又一代的肉身凡躯，
如车轮一般滚滚而来，滚滚而去，
只有这大树根深柢固，屹立不屈。

tum fortis late ramos et bracchia tendens[1]
huc illuc, media ipsa ingentem sustinet umbram.
neve tibi ad solem vergant vineta cadentem,
neve inter vitis corylum sere, neve flagella
300   summa pete aut summa defringe ex arbore plantas —
tantus amor terrae — neu ferro laede retunso
semina, neve oleae silvestris insere truncos.
nam saepe incautis pastoribus excidit ignis,
qui furtim pingui primum sub cortice tectus
305   robora conprendit frondesque elapsus in altas
ingentem caelo sonitum dedit; inde secutus
per ramos victor perque alta cacumina regnat
et totum involvit flammis nemus et ruit atram
ad caelum picea crassus caligine nubem,
310   praesertim si tempestas a vertice silvis
incubuit glomeratque ferens incendia ventus.
hoc ubi, non a stirpe valent caesaeque reverti
possunt atque ima similes revirescere terra;
infelix superat foliis oleaster amaris.

---

[1]有版本作pandens即splitting，分枝的。

这大树向着四周分枝散脉，
在中间汇聚成巨大的华盖。

不要让你的葡萄枝朝向下落的夕阳，
不要在行间种植榛树，
不要去动那最高的嫩芽，
更不要把它摘下，
（它们热爱这土地[1]！）
不要用钝刀去切下植芽，
也不要往那野橄榄上插。
粗心的牧羊人经常遗落火苗，
它首先在肥沃的树皮下藏好，
然后开始吞噬木头，
那火在树叶间逍遥，
那声音在天际鸣啸，
它跟随茂盛的枝条，
统治了最高的树梢，
整个林子陷入火海的炙烤，
浓黑的烟雾急速腾高，
特别是正当林子上空孕育着雨暴，
那大风会聚集火焰，直冲云霄。
大火过去，根系失去了实效，
切下的树枝无法恢复，
更没法从大地吸收养料，
长回到原来的面貌——
只剩下那叶苦无用的野橄榄，独自笑傲。

---

[1]大概指接近地面的枝条容易插条成活。

315 nec tibi tam prudens quisquam persuadeat auctor
tellurem Borea[1] rigidam spirante movere.
rura gelu tum claudit hiems nec semine iacto
concretam patitur radicem adfigere terrae.
optima vinetis satio, cum vere rubenti
320 candida venit avis longis invisa colubris,
prima vel autumni sub frigora, cum rapidus Sol
nondum hiemem contingit equis, iam praeterit aestas.
ver adeo frondi nemorum, ver utile silvis;
vere tument terrae et genitalia semina poscunt.
325 tum pater omnipotens fecundis imbribus Aether[2]
coniugis[3] in gremium[4] laetae descendit et omnis
magnus alit magno commixtus corpore fetus.

---

[1]*Boreas*北风之神。

[2]这里借指Juppiter。

[3]可能指天后*Hera*，但是她没有大地女神或者农业女神的身份。也可能指*Demeter*，或者是虚指*Zeus*的某位情人。

[4]gremium意为大腿或者胸部怀抱支撑婴儿的位置，这里借指生殖器。

当北风咆哮之际，
不要听从那些所谓专家的建议，
去翻动那坚硬的土地。
寒冬用冰霜将这农田封闭，
播撒下的种子，
没法把结实的根基，
与这大地联结紧密。
要种葡萄，最好的时机，
就是那万物复苏的春季，
特别是白鸟[1]的鸣啼，
那可是长蛇的天敌！
或是秋日的第一丝寒意，
太阳神飞快的马蹄，
尚未触摸到冬天的痕迹，
但是盛夏已经远离。
这春日，叶满人间，
这春日，绿意绵延，
这春日，大地娇艳，
渴望着种子的繁衍。
于是，全能的天父，
在情人狂喜的香乳，
播撒下传承的雨露，
伟大的天神，
与她水乳交融，相互爱抚，
滋养了世间的万物。

---

[1]很可能是鹳，一种水鸟，会吃蛇。

avia tum resonant avibus virgulta canoris

et Venerem[1] certis repetunt armenta diebus;

330   parturit almus ager Zephyrique[2] tepentibus auris

laxant arva sinus; superat tener omnibus umor;

inque novos soles audent se germina[3] tuto

credere, nec metuit surgentis pampinus Austros[4]

aut actum caelo magnis Aquilonibus[5] imbrem,

335   sed trudit gemmas et frondes explicat omnis.

non alios prima crescentis origine mundi

inluxisse dies aliumve habuisse tenorem

crediderim: ver illud erat, ver magnus agebat

orbis et hibernis parcebant flatibus Euri[6],

340   cum primae lucem pecudes hausere virumque

terrea[7] progenies duris caput extulit arvis,

inmissaeque ferae silvis et sidera caelo.

nec res hunc tenerae possent perferre laborem,

si non tanta quies iret frigusque caloremque

345   inter, et exciperet caeli indulgentia terras.

---

[1] 爱神Venus，代指爱情。
[2] Zephyrus，西风之神。
[3] 这里有版本作gramina，即野草。
[4] Auster，南风之神。
[5] Aquilo，北风之神。
[6] Eurus，东风之神。
[7] 这里有些版本作ferrae，铁的。

杳无人迹的灌木丛传来小鸟的声声欢喜，
兽群也在特定的日子里追寻爱神的足迹。
富饶的田地展开博大的胸怀，
迎接着温暖西风的洗礼，
享受着细致入微的湿气。
嫩枝敢于信任这朝阳的暖意，
葡萄也不再担心南风的崛起，
或那天上凌冽的北风，带来的暴雨袭击，
而是尽情展开新叶，萌发嫩芽，生生不息。
这春日的曙光，
照耀着新生的世界，
从不偏离自己的事业，
没有其他日子能做到这些，
而我也早就该清楚这一切：
那便是春天，它被这庞大的世界所渴望，
而东风之神也停止了那彻骨的冬霜，
牛羊首先感到了曙光，
凡间最高级的种群，人类，
在田野上屹立，头颅高昂，
林间的野兽自由闯荡，
天上的繁星隐藏光芒。
若没有寒暑之间的休憩时光，
也没有怜悯凡间的仁慈上苍，
那没有软弱的事物能熬过这样的风浪。

quod superest, quaecumque premes virgulta per agros,
sparge fimo pingui et multa memor occule terra,
aut lapidem bibulum aut squalentis infode conchas;
inter enim labentur aquae tenuisque subibit
350   halitus atque animos tollent sata; iamque reperti,
qui saxo super atque ingentis pondere testae
urgerent; hoc effusos munimen ad imbris,
hoc, ubi hiulca siti findit Canis[1] aestifer arva.
seminibus positis superest diducere terram
355   saepius ad capita et duros iactare bidentis,
aut presso exercere solum sub vomere et ipsa
flectere luctantis inter vineta iuvencos;
tum levis calamos et rasae hastilia virgae
fraxineasque aptare sudes furcasque valentis,
360   viribus eniti quarum et contemnere ventos
adsuescant summasque sequi tabulata per ulmos.

---

[1]指天狼星。全天空最亮恒星，可以看到它偕日升的景观。Vergil的时代，大约在七月下旬，天狼星随太阳一起升起，之后整个夏天的凌晨都可以看到它。所以古人以此为标志判断盛夏的到来。

接下来，无论你拿什么往地里栽，
都要记得给它们施肥，
然后用厚厚的泥土覆盖，
再用去湿的碎石或粗糙的贝壳掩埋：
当有水流过地下，
肥沃的湿气潜移默化，
那些植物也就因此精神焕发。
你还会发现，有些人在上面，
再用厚重的砖石施压：
就不怕暴雨冲刷，
也不怕天狼之夏，
舔干了舌头，
把你的田地撕成碎渣。

等你种完这些枝条，
要经常给根部松土理疗，
拿起你那结实的十字镐！
或者用铁犁让这土地保持活力，
引导费力的耕牛在林间穿行，
然后准备好轻便的木棍，
或是剥了皮的光滑树枝做的木矛，
灰木之杖，还有那强力的双叉之形[1]，
依靠这些助力，
葡萄藤能逐渐适应，
无视那劲风的吹袭，
爬上这榆树的天梯。

---

[1] 指木棍下方是类似双叉戟的形状，更容易插牢。

ac dum prima novis adolescit frondibus aetas,

parcendum teneris, et dum se laetus ad auras

palmes agit laxis per purum inmissus habenis,

365 ipsa acie nondum falcis temptanda, sed uncis

carpendae manibus frondes interque legendae.

inde ubi iam validis amplexae stirpibus ulmos

exierint, tum stringe comas, tum bracchia tonde —

ante reformidant ferrum — tum denique dura

370 exerce imperia et ramos conpesce fluentis.

texendae saepes etiam et pecus omne tenendum,

praecipue dum frons tenera inprudensque laborum;

cui super indignas hiemes solemque potentem

silvestres uri[1] adsidue capreaeque sequaces

375 inludunt, pascuntur oves avidaeque iuvencae.

frigora nec tantum cana concreta pruina

aut gravis incumbens scopulis arentibus aestas,

quantum illi nocuere greges durique venenum

dentis et admorso signata in stirpe cicatrix.

---

[1] urus指auroch，即Bos primigenius，一种欧洲的野生牛类，现已灭绝。体型大，角很长，经常出现在石器时代的壁画中。

对那些最开始萌发新叶的植株，
你就要小心呵护；
又当这些快乐的枝条，脱离了束缚，
自由自在地伸向纯净的天幕，
先不要让它们感到刀锋的恐怖，
而是用你灵巧的双手选摘那些叶簇。
之后它们强壮的藤蔓爬上了榆树，
要对叶子和枝条进行修剪，
（在它们对镰刀产生恐惧之前！）
最后，你要握紧这统治之鞭，
严格控制它们到处蔓延。

还有，要围好篱笆，防止牲畜进来捣蛋，
特别是那娇嫩的叶子还不适应它们的摧残！
除了那残酷的寒冬和猛烈的阳光，
还有野生的大黑牛和那跟随而来的野山羊，
它们在这里可真是得意洋洋！
那贪婪的小牛和绵羊，吃得可香！
甚至连雪白冰霜里蕴藏的寒意，
抑或是干燥乱石上浮动的暑气，
跟这些畜生和它们坚硬的毒牙相比，
造成的伤害都远远不及，
更别提，那茎秆上的深深牙印。

380   non aliam ob culpam Baccho caper omnibus aris
    caeditur et veteres ineunt proscaenia ludi
    praemiaque ingeniis pagos et compita circum
    Thesidae[1] posuere atque inter pocula laeti
    mollibus in pratis unctos saluere per utres.

385   nec non Ausonii[2], Troja[3] gens missa, coloni
    versibus incomptis ludunt risuque soluto
    oraque corticibus sumunt horrenda cavatis
    et te, Bacche, vocant per carmina laeta tibique
    oscilla ex alta suspendunt mollia pinu.

---

[1]指神话传说中的Athens国王Theseus的后代。

[2]Ausonius指代最早从希腊渡海来Italia的移民聚落，可能词源是Aurora即曙光女神，原住民指这些移民是"来自东方的人"。

[3]Troja又作Troia，即古城Troy，在今Turkey。Aeneas就是来自Troy的王族，参见I.28,502注。

每次祭祀，那些山羊一族，
都会被献祭给酒神占卜，
可不是因为它们有其他的失误。
还有，当古老的戏剧[1]开场，
Theseus的后代，在乡间街口驻足，
献上了给这些天才们的礼物，
觥筹交错，狂喜的人们迈开脚步，
在松软的草皮上跳舞，
油浸的羊皮气球[2]，格外醒目。
正如那Italia的部落，Troja的遗族，
朗诵着生疏的名诗佳句[3]，
开启了畅怀的欢声笑语，
拿着弯曲的树皮，
当作狰狞的面具[4]，
还有你，酒神Bacchus!
他们用那欢乐的歌声唱响你的神曲，
为你在柔软的松枝上高高挂起面具，
随着微风摇摆，一来，一去。

---

[1]古希腊语的"悲剧"一词源自于山羊。
[2]uter有不同的说法，一种认为是装液体的皮袋，那这里就应该指酒袋。另一种说是一种充气类似皮球的游戏道具。
[3]指来自故乡的希腊文。
[4]酒神祭祀仪式上的舞者会佩戴的面具，这里很可能指新来的移民条件简陋，只能用自然弯曲的树皮代替。

390 hinc omnis largo pubescit vinea fetu,

conplentur vallesque cavae saltusque profundi,

et quocumque deus circum caput egit honestum.

ergo rite suum Baccho dicemus honorem

carminibus patriis lancesque et liba feremus

395 et ductus cornu stabit sacer hircus ad aram

pinguiaque in veribus torrebimus exta colurnis.

est etiam ille labor curandis vitibus alter,

cui numquam exhausti satis est: namque omne quot annis

terque quaterque solum scindendum glebaque versis

400 aeternum frangenda bidentibus, omne levandum

fronde nemus. redit agricolis labor actus in orbem

atque in se sua per vestigia volvitur annus.

于是葡萄都结出硕果，
空谷深林都堆满收获，
以及那英俊的神明，目光触及之所。
唱响家乡的歌谣，
遵守传统的礼教，
赞美酒神的荣耀，
献上祭盘[1]和蛋糕[2]！
服从号角的引导，
台上神圣的羊羔，
榛木的扦子插牢，
肥硕的内脏炙烤！

要照看这些葡萄，
还有其他的苦劳，
这可是永无止境的列表：
每年把土壤翻动三四次才算好，
还要天天反拿着双叉戟[3]，把土块乱捣，
林子里，落叶还要清扫。
时光之轮，年复一年，
顺着自己的足迹，转回到了原点，
那付出的辛劳，沿着同样的路线，
回到了农夫的手边。

---

[1] lanx，即II.194弯曲的祭盘。
[2] 类似现代的蛋糕，祭祀时献给神明。
[3] 双叉上翘用来翻动稻草，下翘用来敲地面的土块。

ac iam olim, seras posuit cum vinea frondes,

frigidus et silvis Aquilo[1] decussit honorem,

405   iam tum acer curas venientem extendit in annum

rusticus et curvo Saturni[2] dente relictam

persequitur vitem attondens fingitque putando.

primus humum fodito, primus devecta cremato

sarmenta et vallos primus sub tecta referto;

410   postremus metito. bis vitibus ingruit umbra,

bis segetem densis obducunt sentibus herbae;

durus uterque labor: laudato ingentia rura,

exiguum colito[3]. Nec non etiam aspera rusci[4]

vimina per silvam et ripis fluvialis arundo

415   caeditur, incultique exercet cura salicti.

iam vinctae vites, iam falcem arbusta reponunt,

iam canit effectos extremus vinitor antes:

sollicitanda tamen tellus pulvisque movendus

et iam maturis metuendus Iuppiter[5] uvis.

---

[1]Aquilo，北风之神。

[2]第二代神王Saturnus即*Cronus*的镰刀，传说他用镰刀阉割了第一代神王*Uranus*。后者的生殖器化身成*Aphrodite*即Venus。

[3]这里两句反用了Hesiod《工作与时日》里的一句，"赞美那只小船，但要把货物装上大船"。

[4]ruscum即Ruscus aculeatus，假叶树，一种灌木，茎长得像叶子。又名百劳金雀花。屠夫经常用其假叶清理案板，所以又称为butcher's groom。

[5]指代天空。

而后当葡萄树把秋叶抖掉，
寒冷的北风吹散了树林的荣耀，
尽管如此，那勤劳的乡下佬，
还要为了来年的需要，
继续给树木精心的照料，
用Saturnus弯曲的镰刀，
把残存的枝叶修整剪掉。
先去挖开土表，
先去把枝条收拢，然后烧掉，
先去把支撑的木桩收拾存好，
最后才去收割葡萄。
树荫两度笼罩了枝条，天昏地暗，
野草两度覆盖了农田，荆棘迷漫，
每项劳动都是如此艰难：
赞美那大块的田地，
耕作这小片的乐园。
林中无望的假叶树，需要清理，
砍伐岸边的芦苇丛，需要力气，
照看那疏于管理的柳树[1]，让人头疼不已。
葡萄藤已经绑好，镰刀也要收藏，
当最后几排的枝条被挂上，
剩下的种植员把小曲哼唱，
将土地翻动，让尘土飞扬，
焦急地守望着上苍，
怜悯这些成熟的琼浆[2]。

---

[1]柳条可以用来绑住葡萄藤。
[2]大概指怕下暴雨打落已经成熟的葡萄。

420   contra non ulla est oleis cultura; neque illae
    procurvam exspectant falcem rastrosque tenacis,
    cum semel haeserunt arvis aurasque tulerunt;
    ipsa satis tellus, cum dente recluditur unco,
    sufficit umorem et gravidas, cum vomere, fruges.
425   hoc pinguem et placitam Paci[1] nutritor olivam.
    poma quoque, ut primum truncos sensere valentis
    et viris habuere suas, ad sidera raptim
    vi propria nituntur opisque haud indiga nostrae.
    nec minus interea fetu nemus omne gravescit
430   sanguineisque inculta rubent aviaria bacis.
    tondentur cytisi[2], taedas[3] silva alta ministrat,
    pascunturque ignes nocturni et lumina fundunt.
    [et dubitant homines serere atque inpendere curam][4]
    quid maiora sequar? salices humilesque genestae
435   aut illae pecori frondem aut pastoribus umbram
    sufficiunt saepemque satis et pabula melli.

---

[1] Pax，和平女神，橄榄枝是其象征之一。
[2] cytisus是一种三叶草或者苜蓿，比如Medicago arborea木本苜蓿。
[3] taeda指富含松脂的松树，容易燃烧。
[4] 此行很可能是衍文。

与此相反，种植橄榄不会那么困难，
当它们扎根土里，感受到春风之暖，
就不需要曲镰或者结实的耙子劳烦，
你那土地，也只需要拿这曲犁去翻，
就能给厚重的果实提供足够的水源。
这般的滋养，肥美的橄榄，
和平女神Pax，她特别喜欢。
那橄榄树完全不需要我们帮忙，
它们先感受到了枝干的坚强，
把握住了属于自己的力量，
也凭借这力量，朝着星空迅速成长。
与此同时，林子里都挂满了果实，
血色的浆果染红了小鸟藏身的草莽。
地上的苜蓿被啃食，
高耸的树林提供了松枝，
添给夜晚的篝火，大放光芒。
[而人们还在怀疑耕作与劳动的意义。]
你看，柳树和低矮的金雀花，
它们足够给牛羊提供食粮，
给牧人提供荫凉，
给农田提供围墙，
给蜂蜜提供营养，
我为何还要追求什么更好什么更强？

et iuvat undantem buxo spectare Cytorum[1]
Naryciaeque[2] picis lucos, iuvat arva videre
non rastris, hominum non ulli obnoxia curae.
440 ipsae Caucasio[3] steriles in vertice silvae,
quas animosi Euri[4] adsidue franguntque feruntque,
dant alios aliae fetus, dant utile lignum
navigiis pinus, domibus cedrumque cupressosque.
hinc radios trivere rotis, hinc tympana plaustris
445 agricolae et pandas ratibus posuere carinas,
viminibus salices fecundae, frondibus ulmi,
at myrtus validis hastilibus et bona bello
cornus, Ituraeos[5] taxi torquentur in arcus.
nec tiliae leves aut torno rasile buxum
450 non formam accipiunt ferroque cavantur acuto.
nec non et torrentem undam levis innatat alnus,
missa Pado[6]; nec non et apes examina condunt
corticibusque cavis vitiosaeque ilicis alvo.

---

[1]Cytorus在今Turkey北面的一座山。
[2]Narycus本来是希腊中部的小镇，这里指代Italia南部Bruttium地区的Locri，在今Calabria。有传说这里最早是Narycus的殖民地。这里有著名的冥后*Persephone*和爱神*Aphrodite*的神庙，所以Vergil称之lucus。
[3]即Caucasus Mountains。
[4]Eurus，东风之神。
[5]Iturea，地名，在今Palestine，有半游牧的Ituraei人在那里生活。
[6]Padus河，即今Po河，Eridanus河，在Italia北部。

喜欢看那Cytorus的黄杨之海，

喜欢看那Bruttium的松树圣林，

喜欢看那不受人类和耙子束缚的农田。

即使在那Caucasus山脊上，光秃的森林，

终年被强劲的东风摧残，

但还有别样的树，

结出别样的果实：

那产出的松木用来造船，

雪松和柏树能给人安家。

于是，马车找到了轮子，

磨光的车轮找到了辐条，

轮船找到了弯曲的龙骨，

柳树盛产枝条，

榆树叶子繁茂，

香桃木，做成强力的长矛，

山茱萸，用来打仗真是好[1]，

Ituraei人的弓可是红豆杉打造！

只要用上打磨轮和锋利的雕刀，

无论是轻便的椴木或是黄杨料，

不会不接受它们的引导；

轻盈的桤木在Padus河上洗澡，

领教这汹涌的浪涛；

还有那中空的树皮和腐烂的橡树，

里面隐藏着整个蜂巢！

---

[1] 指作成武器，参见II.34。

quid memorandum aeque Baccheia dona tulerunt?
455   Bacchus et ad culpam causas dedit; ille furentis
centauros leto domuit, Rhoetumque Pholumque
et magno Hylaeum[1] Lapithis[2] cratere minantem.
o fortunatos nimium, sua si bona norint,
agricolas! quibus ipsa procul discordibus armis
460   fundit humo facilem victum iustissima tellus.
si non ingentem foribus domus alta superbis
mane salutantum totis vomit aedibus undam,
nec varios inhiant pulchra testudine postis
inlusasque auro vestes Ephyreiaque[3] aera,
465   alba neque Assyrio[4] fucatur lana veneno
nec casia[5] liquidi corrumpitur usus olivi.

---

[1]Rhoetus，Pholus和Hylaeus都是半人马。

[2]Lapitha人是古希腊的一个部落，传说曾跟半人马交战，而战争的起因是本来友好的半人马在一场婚礼上喝多了酒。

[3]Ephyre即Corinthus，希腊中部的一个著名城邦。Corinthus古城在一百多年前被罗马军队夷平，后来在Vergil的时代由罗马人重建，成为Achaia行省的首府，统治希腊诸邦。

[4]Assyria是一古国，在今Turkey，Lebanon和Iraq交界处。这里可能指代骨螺紫，也叫皇家紫，Tyre紫，在西方传统上是贵族和神职人员的专用色。

[5]这里casia指Laurus cassia，一种野生的肉桂，有香味。

酒神的礼物里面，
难道还有什么同样值得纪念？
不过，酒神也有所亏欠：
他导致那些半人马发狂的婚宴：
Rhoetus，Pholus，Hylaeus，
只因那巨大的酒樽生变，
去跟Lapitha部落翻脸！

噢！远古的农夫[1]！
他们真是受到了太多的祝福！
他们何曾知道自己享受的礼物！
远离那战争之苦，
最慷慨的大地，自发地从这泥土，
直接冒出富足的食物！
没有豪华的大门和高大的房屋，
也就没有那些来参观见礼的宾客，
早上从各个房间，如浪潮般涌出；
更没有那引人注目，
全身上下的金丝华服，
装饰着精美龟壳的各色门柱，
和那Corinthus的铜壶；
他们雪白的羊毛织物，
不会被Assyria的染料[2]玷污，
他们清澈的橄榄油，
也不会被野肉桂的浓香亵渎。

---

[1]这里应该指青铜时代或者之前的人类。
[2]参见前页注。

at secura quies et nescia fallere vita,
dives opum variarum, at latis otia fundis.
speluncae vivique lacus et frigida Tempe[1]

470 mugitusque boum mollesque sub arbore somni:
non absunt; illic saltus ac lustra ferarum
et patiens operum exiguoque adsueta iuventus,
sacra deum sanctique patres; extrema per illos
Iustitia[2] excedens terris vestigia[3] fecit.

475 me vero primum dulces ante omnia Musae[4],
quarum sacra fero ingenti percussus amore,
accipiant caelique vias et sidera monstrent,
defectus[5] solis varios lunaeque labores;
unde tremor terris, qua vi maria alta tumescant

480 obicibus ruptis rursusque in se ipsa residant,
quid tantum Oceano properent se tinguere soles
hiberni, vel quae tardis mora noctibus obstet.

---

[1] 本指Olympus山和Ossa山之间的峡谷，这里指代山谷。

[2] Justitia，代表公平正义的女神，这里指Astraea，Zeus与Themis之女，在白银时代（一说黑铁时代）最后一位离开凡间的神祇。

[3] 原文是留下了"足迹"。

[4] 即Muse，掌管文学、科学和艺术的文艺女神，比如诗歌、音乐甚至神秘术都归其管辖。Zeus与记忆女神Mnemosyne的女儿，其数量有很多版本，最普遍认同的版本认为有九位，分管不同的部门。跟其他主神不同，Muse似乎没有专门的罗马名，所以Zeus他们移居罗马之后，Muse可能还隐居在希腊。参见III.10-11。

[5] 指日食。

他们有无忧的梦境，
没有尔虞我诈的人生，
田地宽广，物资富足，生活轻松。
安身的洞穴，鲜活的河流，寒冷的山坳，
低声叫唤的牛群，树荫下柔软草地上的午觉——
真是什么都不少!
还有放牧的林地和野兽的穴巢，
年轻人习惯清苦，忍受着辛劳，
长者受到尊敬，神明收到羊羔，
而正义女神Astraea离开地面之时，
在他们那里留下了最后的微笑。

啊，Muse女神!
她们的甜美笑容，无人能及;
她们的神圣仪式，由我主祭;
她们的无边爱意，我心直击!
愿她们首先接纳我，然后引导我，
仰望苍穹，寻迹群星;
愿她们向我一一阐明，
各色各样的，太阳的亏缺与月亮的苦刑[1];
以及那震动的大地，膨胀的深海之力，
那海水冲破了壁垒，随即又回到原地;
为何冬日的太阳如此快速地划越天际，
回到大海之神的怀里，
我想知晓，又有什么阻力，
使得长夜漫漫，神女[2]依依?

---

[1]labores可以理解为月相的变化，但是这里更大可能是指月食。
[2]曙光女神Eos不愿意起床。

sin, has ne possim naturae accedere partis,

frigidus obstiterit circum praecordia sanguis,

485   rura mihi et rigui placeant in vallibus amnes,

flumina amem[1] silvasque inglorius. o ubi campi

Spercheosque[2] et virginibus bacchata Lacaenis[3]

Taygeta[4]! o, qui me gelidis convallibus Haemi[5]

sistat et ingenti ramorum protegat umbra!

490   felix, qui potuit rerum cognoscere causas,

atque metus omnis et inexorabile fatum

subiecit pedibus strepitumque Acherontis[6] avari.

fortunatus et ille, deos qui novit agrestis,

Panaque Silvanumque senem Nymphasque sorores.

495   illum non populi fasces, non purpura regum

flexit et infidos agitans discordia fratres.

aut coniurato descendens Dacus[7] ab Histro[8],

non res Romanae perituraque regna; neque ille

aut doluit miserans inopem aut invidit habenti.

---

[1]这里amem是虚拟语气，中文直译是"愿我热爱"。

[2]Spercheos河在希腊中部。

[3]Lacaena指Sparta人，今名Laconia。这个名字原来指Sparta城附近，Taygetus山东面的平原谷地。

[4]Taygetus山在希腊南部，Peloponnese半岛南部，著名的Sparta就在其山脚下的平原。

[5]Haemus山，即今Balkan山脉。

[6]Acheron是冥界的一条河。

[7]即Dacian人，居住在今Romania，在Danube河下游。

[8]Hister也作Ister，指Donube河下游，也可以指整条河流。

但若我心中那寒冷的血液，

阻碍我理解这世界的真理，

至少让我好好欣赏，

这田地，这山谷，这奔流的大江，

我这泛泛无名之辈，

热爱这山林与溪水！

噢，我突然置身何处？

是Spercheos河平原，还是在Taygetus山谷，

那些Sparta少女在给酒神庆祝？

噢，又是谁，

让我站在Haemus山寒冷的峡谷，

然后用这巨大的华盖将我保护？

那洞悉万物起因之人真是无比幸福，

他能无视所有的恐惧和命运的残酷，

他将冥河那贪婪的轰鸣用双脚驯服！

而认识这些荒野之神则是幸运至极：

Pan，古老的Silvanus，还有nymph姐妹们[1]！

无论是那民众之权柄，或是王室之紫宸[2]，

还有那导致兄弟阋墙的纠纷，

或是团结起来从Danube河顺流而来的Daci部落，

罗马的政务，或是王国的沉沦，

都不能动摇他半分：

他既不同情弱者，也不羡慕能人。

---

[1] 参见I.10,11,17,20。
[2] 原文是国王之紫，即II.465中提到的贵族专用紫色。

500　quos rami fructus, quos ipsa volentia rura

sponte tulere sua, carpsit; nec ferrea iura

insanumque forum aut populi tabularia vidit.

sollicitant alii remis freta caeca ruuntque

in ferrum, penetrant aulas et limina regum;

505　hic petit excidiis urbem miserosque Penatis[1],

ut gemma bibat et Sarrano[2] dormiat ostro;

condit opes alius defossoque incubat auro;

hic stupet attonitus rostris; hunc plausus hiantem

per cuneos[3] geminatus enim plebisque patrumque

510　corripuit; gaudent perfusi sanguine fratrum,

exsilioque domos et dulcia limina mutant

atque alio patriam quaerunt sub sole iacentem.

agricola incurvo terram dimovit aratro:

hinc anni labor, hinc patriam parvosque nepotes

515　sustinet, hinc armenta boum meritosque iuvencos.

nec requies, quin aut pomis exuberet annus

aut fetu pecorum aut Cerealis mergite culmi,

proventuque oneret sulcos atque horrea vincat.

---

[1]Penates是罗马的家神，这里代指住宅。

[2]Sarra，即Tyre，在今Lebanon靠海的城市，出产骨螺制作的紫色染料，参见II.465。

[3]cuneus本意是楔子，这里指代具有类似形状的东西，比如半环形的观众席被走道分割成一块块的楔型区域。

他采摘那枝头或者荒土，
自发长出的果木；
他完全无视这铁条的法牍，
疯狂的法庭与公共的记录。
而你看看这罗马的大地——
其他人喜欢在黑夜出海，感受大浪汹涌，
用剑解决争端，冲入花苑王宫，
有人想将城市和可怜的房屋变成废墟和枯冢，
只是为了自己在紫色的床榻上畅饮宝石之盅，
其他人喜欢隐藏财富，安卧于深埋的黄金；
而总有人被演讲台上的陈腔滥调愚弄，
惊讶于台下听众的掌声雷动，
特别是被包围在这平民与显贵之中；
这些人沉浸于兄弟的血怨，
交换温柔的住所，躲避审判，
甚至还想去寻找另外的家园，
在陌生的太阳下取暖。

农夫用曲犁破开土表：
这，便是每年的辛劳，
这，便是祖国和子孙的依靠，
这，便是耕牛和值得珍惜的青春年少。
没有休息的空闲，
但这轮转的时间，
总是充满了果实的富足，
繁衍的牲畜，和Ceres的捆捆谷物，
将田垄堆满，将谷仓征服。

venit hiems: teritur Sicyonia[1] baca trapetis,
520   glande sues laeti redeunt, dant arbuta silvae;
et varios ponit fetus autumnus et alte
mitis in apricis coquitur vindemia saxis.
interea dulces pendent circum oscula nati,
casta pudicitiam servat domus, ubera vaccae
525   lactea demittunt pinguesque in gramine laeto
inter se adversis luctantur cornibus haedi.
ipse dies agitat festos fususque per herbam,
ignis ubi in medio et socii cratera coronant,
te libans, Lenaee[2], vocat pecorisque magistris
530   velocis iaculi certamina ponit in ulmo,
corporaque agresti nudant praedura palaestrae.

---

[1] Sicyon在Peloponnese半岛北部。这里很可能也指代整个希腊。
[2] Lenaeus是酒神别名，参见II.4。

而到冬日来临，

压油机里的Sicyon橄榄[1]，

欢乐猪群的叫唤，

橡子满满的猪圈，

荡漾的野草莓园；

这便是秋天的各种奖赏，

成熟的葡萄，高台上晒着暖阳。

与此同时，

他抱起他甜蜜的孩子们，亲个不停——

积善之家，必有余庆：

丰腴的奶牛乳汁充盈，

肥沃的牧场绿草青青，

壮实的小山羊在用犄角对峙，看谁更硬。

他自己安排节日的时间，

铺满了整个草甸，

还有中间的篝火之焰；

他的朋友们装饰了碗边，

酒神Bacchus，他在向你进献！

他还给牧人们设置竞赛，

在榆树上挂上奖牌[2]，

看谁的标枪更快！

他们还赤膊上台，

袒露自己健壮的体态，

在这土气的摔跤场上显摆！

---

[1] baca可以指各种果实，而Sicyon盛产橄榄和水果，这里应该是橄榄，参见II.86。

[2] 这里certamen应该指标靶或者作为标靶的某种彩头。

hanc olim veteres vitam coluere Sabini[1],

hanc Remus et frater, sic fortis Etruria[2] crevit

scilicet et rerum facta est pulcherrima Roma,

535   septemque una sibi muro circumdedit arces.

ante etiam sceptrum Dictaei[3] regis et ante

inpia quam caesis gens est epulata iuvencis,

aureus hanc vitam in terris Saturnus agebat;

necdum etiam audierant inflari classica, necdum

540   inpositos duris crepitare incudibus enses.

sed nos inmensum spatiis confecimus aequor,

et iam tempus equum fumantia solvere colla.

---

[1]Sabini人，古代在罗马附近的部落，后与罗马人融合。
[2]参见II.193注。
[3]Dicte山，传说幼年Zeus在山上长大。

古代的Sabini人就这样过着日子，
Remus[1]和他的兄弟也是如此，
还有Etruria因此强势，
而被这七丘[2]和城墙所围绕，
罗马，成为世间最美丽的都市！
在Dicte之王拿起权杖之前，
在这些不敬的种族肆意宰杀享用耕牛之前，
黄金的Saturnus就是这样在地上消磨时间。
他们从未听过战争的号角，
铁剑也从未在铁砧上鸣啸。

我们结束了赞美辽阔大地的歌声，
现在就放松手上的缰绳，
让骏马在上面自由驰骋。

---

[1]Romulus的双胞胎兄弟。
[2]指罗马城内的七座山。皇宫所在的Palestine山在最中间，城墙绕剩下六座山而建。

LIBER III

[T]e quoque, magna Pales[1], et te memorande canemus
pastor ab Amphryso[2], vos, silvae amnesque Lycaei[3].
cetera, quae vacuas tenuissent carmine mentes,
omnia iam volgata: quis aut Eurysthea[4] durum
5   aut inlaudati nescit Busiridis[5] aras?
cui non dictus Hylas[6] puer et Latonia Delos[7]
Hippodameque[8] umeroque Pelops[9] insignis eburno,
acer equis? temptanda via est, qua me quoque possim
tollere humo victorque virum volitare per ora.
10 primus ego in patriam mecum, modo vita supersit,
Aonio[10] rediens deducam vertice Musas.

---

[1]Pales是罗马的畜牧女神。

[2]Amphrysus 是希腊中部Phthiotis的一条小河，*Apollo*曾在此放牧。

[3]参见I.16。这里指代Arcadia地区以及*Pan*。

[4]Eurystheus，神话人物，给Heracles设置了十二试炼。

[5]Busiris是神话中埃及的一个国王，他将到访的客人都献祭给神明。后被Heracles杀死。

[6]Hylas是Heracules的旅伴。外貌英俊，后因此被水之妖精掳走。

[7]Delos是Aegean海上的小岛，Latona即*Leto*在此生下*Apollo*和*Artemis*。

[8]词意是"驯马者"。神话里有很多Hippodamia，这里应该指Pelops的妻子Hippodamia，她的父亲Oenomaus跟Pelops比赛马车，Pelops输了就要被杀，赢了就能娶Hippodamia为妻。

[9]Pelops，希腊神话人物。他的父亲Tantalus不敬神明，企图试探众神是否全知全能，把Pelops杀死做成肉汤分给众神，而只有谷神Demeter因为女儿被冥王*Hades*掳走而伤心过度（参见I.36注），没有看穿，所以吃了她的那份。之后*Zeus*把Tantalus送入地狱，然后复活了Pelops，但被*Demeter*吃掉的那块肩部，只能用象牙代替。

[10]Aonia，地区名，在希腊中部，Muse的圣山Helicon就在这里。

卷三

我们接下来要开始歌唱，

畜牧女神，伟大的Pales，

还有你，光辉的Apollo，

大家都熟知，你在Amphrysus河边放牧为乐！

还有你们，Lycaeus的森林与溪河！

其他所有的诗歌尽人皆知，

只是用来填充空虚的心智：

而谁又不知道Eurystheus的刁难，

或是Busiris的邪恶祭坛？

谁又没有传唱过那个年轻的Hylas，

Delos岛上的Latona，

Hippodamia，还有Pelops著名的象牙，

以及他那快马？

我要寻找崭新的实践，

让我的神魂回到人间，

让胜利的歌声回荡在人们的嘴边。

倘若光阴永存，尽我余年，

我将成为那第一人[1]，

带着我的Muse，带着我的爱恋，

从那Aonia的山巅，

带她回我的故乡，带她看我的农田。

---

[1]deducam这个词既可以是将来时称述语气，表示将来会发生的事情，也可以是现在时虚拟语气，表示现在希望发生的事情。所以这里既可能是"我将要带领"，也可能是"我希望带领"，也可能是同时有这两个意思。

primus Idumaeas[1] referam tibi, Mantua, palmas,
et viridi in campo templum de marmore ponam
propter aquam, tardis ingens ubi flexibus errat
15   Mincius[2] et tenera praetexit arundine ripas.
in medio mihi Caesar[3] erit templumque tenebit:
illi victor ego et Tyrio[4] conspectus in ostro
centum quadriiugos agitabo ad flumina currus.
cuncta mihi Alpheum[5] linquens lucosque Molorchi[6]
20   cursibus et crudo decernet Graecia caestu.
ipse caput tonsae foliis ornatus olivae
dona feram. iam nunc sollemnis ducere pompas
ad delubra iuvat caesosque videre iuvencos,
vel scaena ut versis discedat frontibus utque
25   purpurea intexti tollant aulaea Britanni[7].

---

[1] Idumaea在今Palestine。
[2] Po河的支流，Vergil的故乡Mantua城就座落在Mincius河上。
[3] 这里指Augustus，参见I.25注。
[4] Tyre紫，参见II.465,506。
[5] Alpheus是流经Olympia的一条河，这里指代奥运会。
[6] Molorchus是Nemea的一个葡萄农夫，在Hercules完成十二试炼的头一项里出场。试炼内容就是杀死Nemea这里的一只狮子。这里Molorchus指代Nemea，Peloponnese半岛东北部，古代在这里举办过Nemean运动会，跟奥运会和另外两地的运动会一起被称为泛希腊运动会。
[7] Britanni，指今Britain的原住民。

我将成为那第一人，
把Idumaea的棕榈树带给你，
我的家乡，Mantua!
我将在绿色的原野上，在那河水边，
用大理石修一座神殿!
宽广的Mincius河慢慢地绕了个弯，
纤软的芦苇丛静静地交错于河岸。
我的Caesar，他将坐镇神殿的正中：
谨以他的旗帜，
我将作为胜利者，身着Tyre紫，
指挥着一百辆四轮马车，
在河岸边尽情奔驰。
为了我，整个希腊，
将离开Nemea的圣林和Olympia，
在赛马和血腥的拳击比赛上一决高下。
橄榄叶装饰在我的头上，
我将亲自给他们颁奖!
我最喜欢引领着神圣的游行仪仗，
进入神庙的殿堂，
看着牛羊被献祭分享，
看着舞台上轮换退场，
交叉行进的Britanni人[1]，
拉起紫色的帘帐。

---

[1]这个时间点，Britain还未被罗马征服。

In foribus pugnam ex auro solidoque elephanto

Gangaridum[1] faciam victorisque arma Quirini[2],

atque hic undantem bello magnumque fluentem

Nilum ac navali surgentis aere columnas[3].

30 addam urbes Asiae domitas pulsumque Niphaten[4]

fidentemque fuga Parthum[5] versisque sagittis,

et duo rapta manu diverso ex hoste tropaea

bisque triumphatas utroque ab litore gentes.

stabunt et Parii[6] lapides, spirantia signa,

35 Assaraci[7] proles demissaeque ab Iove gentis

nomina, Trosque[8] parens et Troiae Cynthius[9] auctor.

invidia infelix Furias[10] amnemque severum

Cocyti[11] metuet tortosque Ixionis[12] anguis

immanemque rotam et non exsuperabile saxum.

---

[1]Gangaridae是古希腊罗马作者对India的称呼。有一种解读认为这里Gangaridum是属格，就是说前面的黄金和象牙是India战事的战利品，亦可。

[2]原来是Sabini人的神祇，参见II.531，后作为Romulus的神化。这里也可能指代神化的Augustus。

[3]这里指模仿columna rostrata，一种宣示胜利的柱子，装饰了敌舰铜船头，其本体在罗马城Forum的演讲场地。

[4]Niphates山在Armenia，这里指代后者。

[5]Parthi人起源于Caspian海沿岸，而后控制了今Iraq和Iran，汉人称之为安息。

[6]Parium是Mysia的一座城市，在今Turkey。

[7]Assaracus是Aeneas的曾祖父，所以算是罗马的远祖。

[8]Tros是Assaracus的父亲。Juppiter即Zeus是Tros的曾祖父。

[9]Cynthius山在Delos岛上，Apollo与Artemis的圣地。参见III.6。

[10]即复仇女神Eumenides，也叫Erinyes。参见I.278。

[11]Cocytus是一条冥河。

[12]Ixion是很早期的神话人物，半人马的祖先。他因为勾引Hera被Zeus判入Tartarus地狱，用蛇绑在旋转的火轮上受刑。

我将在这大门上，
用完整的象牙和黄金的拼图，
雕刻出Gangaridae的杀戮，
Quirinus的全胜军武，
Nile河水汹涌，战事沉浮，
还有那装饰着敌舰船头的门柱！
我还要加上，
被我们征服的Asia都市，
被我们击败的Armenia，
还有那Parthi人，在战场上自信之极，
和他那让箭矢掉头飞行的弓技，
还要亲手从大海的东西两极，
从不同的敌人那里夺取的两件战利。
而那Parium的石头雕像站在那里，
简直就像是会呼吸，
Assaracus的子孙，
还有从神王Juppiter传承下来的血脉之名，
还有Tros父亲，
以及Troia古城的缔造者，Apollo！
而那些恶意的怨恨，
都会恐惧于Eumenides女神的复仇，
冥河Cocytus的激流，
Ixion的蛇索与巨轮之咒，
和那无法征服的石头[1]。

---

[1]指Sisyphus，被冥王Hades惩罚，搬运巨石上山，然后巨石滑下山，轮回永不停止。

40   interea Dryadum[1] silvas saltusque sequamur

intactos, tua, Maecenas, haud mollia iussa.

te sine nil altum mens incohat; en age segnis

rumpe moras; vocat ingenti clamore Cithaeron[2]

Taygetique[3] canes domitrixque Epidaurus[4] equorum

45   et vox adsensu nemorum ingeminata remugit.

mox tamen ardentis accingar dicere pugnas

Caesaris et nomen fama tot ferre per annos,

Tithoni[5] prima quot abest ab origine Caesar.

seu quis Olympiacae miratus praemia palmae

50   pascit equos seu quis fortis ad aratra iuvencos,

corpora praecipue matrum legat. optuma torvae

forma bovis, cui turpe caput, cui plurima cervix,

et crurum tenus a mento palearia pendent;

tum longo nullus lateri[6] modus; omnia magna,

55   pes etiam; et camuris hirtae sub cornibus aures.

---

[1]Dryades，森林的妖精，参见I.11，II.494。

[2]Cithaeron山在希腊中部，Muse和酒神Bacchus的圣地。

[3]Taygetus山在Sparta，参见II.488。

[4]Epidaurus在Peloponnese半岛东部。

[5]Tithonus是曙光女神*Eos*的情人，有不死之身，参见I.447注。神话中他是Laomedon（参见I.502）的儿子，算下来是Aeneas的表叔。

[6]latus指牛下腹部的侧肉，即flank。

与此同时，Maecenas，

遵从你那不太容易的意愿，

让我们去寻找森林妖精的地盘，

和那人迹罕至的草原。

如果没有你的吩咐，

我的心智可没有这么高的觉悟！

嘿！快来！别让我被懒惰俘虏！

听！Cithaeron山传来洪亮的呼喊，

Taygetus猎狗的叫唤，

Epidaurus的驯马倌，

还有那林间游荡的惊叹。

我现在马上要准备歌唱，

Caesar那光辉的战场，

他的威名能跨越多少的时光？

正如他自己距离Tithonus出生时那么漫长。

无论是培育目指奥运会桂冠的赛马，

还是配种能拉动铁犁的耕牛，

主要是看那母兽的筋骨：

最好的母牛要野性十足，

头要丑，脖子要粗，

垂肉[1]从下巴一直垂到腿部；

她[2]什么都很大，包括那四足，

完全没有限制的下腹，

而弯曲的牛角下，耳朵上的毛又多又粗。

---

[1]现代家牛因为基因选择，垂肉已经不明显。说文：胡，牛顄垂也。

[2]本卷讲牲畜，有部分句子需要特指动物的性别。所以本卷内，我们用"他"指代雄性，"她"指代雌性，"它"指代幼兽或者不分性别的情况。

nec mihi displiceat maculis insignis et albo,
aut iuga detractans interdumque aspera cornu
et faciem tauro propior, quaeque ardua tota,
et gradiens ima verrit vestigia cauda.

60 aetas Lucinam[1] iustosque pati Hymenaeos[2]
desinit ante decem, post quattuor incipit annos;
cetera nec feturae habilis nec fortis aratris.
interea, superat gregibus dum laeta iuventas,
solve mares; mitte in Venerem[3] pecuaria primus,

65 atque aliam ex alia generando suffice prolem.
optuma quaeque dies miseris mortalibus aevi
prima fugit[4]; subeunt morbi tristisque senectus
et labor, et durae rapit inclementia mortis.

---

[1]Lucina是掌管生育的女神。
[2]Hymenaeus或Hymen，婚礼之神。这里指代母牛的配种生育年龄。
[3]Venus爱神，这里指代交配。
[4]这句话很有名，但是跟上文衔接很突兀。可能是Vergil对人生有感而叹。
当然，也可能只是说牛的事情。

以白色的斑点挑选的种牛，
当然不会让我失手，
还有下面这样的母牛：
她面对犁轭抗拒不走，
甚至时而用牛角斗殴，
或是脸狭长，更像是公牛，
而她走路的时候，
尾巴还会扫进自己的脚印里头。
她们生育最佳的时间，
四岁之后才开始，结束却在十岁之前；
剩下的岁月里面，
既不适合生育，又不够强壮到可以耕田。
快乐的小母牛在牛群里占多数，
与此同时，让我们把公牛放出来；
首先让它们享受爱意绵绵，
通过选育，让它们一代代繁衍。
对于不幸的凡人而言，
人生中最美好的时间，
总是第一个飞离眼前，
成为了那永恒的思念。
疾病，苦劳，无情的衰老，
它们总是会提前一步来到，
残酷的死亡让我们觉得如此渺小。

semper erunt, quarum mutari corpora malis:
70   semper enim refice ac, ne post amissa requiras,
anteveni et subolem armento sortire quotannis.
nec non et pecori est idem dilectus equino.
tu modo, quos in spem statues submittere gentis,
praecipuum iam inde a teneris impende laborem.
75   continuo pecoris generosi pullus in arvis
altius ingreditur et mollia crura reponit;
primus et ire viam et fluvios temptare minaces
audet et ignoto sese committere ponti
nec vanos horret strepitus. illi ardua cervix
80   argutumque caput, brevis alvus obesaque terga,
luxuriatque toris animosum pectus. honesti
spadices glaucique, color deterrimus albis
et gilvo. tum, si qua sonum procul arma dedere
stare loco nescit, micat auribus et tremit artus
85   collectumque premens volvit sub naribus ignem.

总有些牛，身体条件不够好，
所以你要把它们全部处理掉，
那也就需要加入新鲜的细胞，
不要等到失败之后再去寻找，
提前规划，每年都引进新的种苗。

与此类似，马群的选养也是同理。
那些马如果是为了延续种族，
那从它们年幼的时候起就要细心呵护。
从最开始，那血统好的小马，
就学会轻轻迈开脚步，
在这丰饶的草地驻足。
它首先只会在大路上行走，
继而尝试暗藏危机的河流；
然后自己探索陌生的桥梁，
就再不惧怕那无害的声响。
脖子修长，头颅优雅，
腹部短小，背部肥大，
雄浑的胸肌异常发达；
红棕色和灰色是骏马，
白色或是土黄就欠佳。
当远方传来交鸣的兵戎，
它从不会原地呆滞认怂；
它耳朵紧张，关节颤动，
努力压制火焰窜出鼻孔。

densa iuba, et dextro iactata recumbit in armo;

at duplex agitur per lumbos spina, cavatque

tellurem et solido graviter sonat ungula cornu.

talis Amyclaei[1] domitus Pollucis[2] habenis

90　　Cyllarus[3] et, quorum Grai meminere poetae,

Martis[4] equi biiuges et magni currus Achilli[5].

talis et ipse iubam cervice effundit equina

coniugis adventu pernix Saturnus[6] et altum

Pelion[7] hinnitu fugiens implevit acuto.

95　　hunc quoque, ubi aut morbo gravis aut iam segnior annis

deficit, abde domo nec turpi ignosce senectae.

frigidus in Venerem[8] senior, frustraque laborem

ingratum trahit, et, si quando ad proelia ventum est,

ut quondam in stipulis magnus sine viribus ignis,

100　　incassum furit. ergo animos aevumque notabis

praecipue; hinc alias artis prolemque parentum

et quis cuique dolor victo, quae gloria palmae.

---

[1]Amyclae是古代Sparta的城市，这里指代Sparta。

[2]Pollux，双子座的双胞胎之一，Sparta的王子，他和同母异父的双胞兄弟Castor都是优秀的驯马者。关于他们的马有不同的说法，这里采用的版本说Hera和Hermes送了他们四匹马，其中一匹叫Kyllaros。

[3]见上注。

[4]Mars，战神，有马拉的战车。

[5]Achilles是Iliad里主要角色，希腊的英雄人物。Poseidon送了两匹神马给Achilles的父亲，后被转赠给Achilles，在Troy战争中大放光彩。

[6]Saturnus即Cronus曾和水之妖精Phillyra私通，但他的正妻Rhea刚巧路过。为了避免被发现，Cronus变成了一匹马的样子，结果Phillyra生出了半人马Chiron，即半人马座（常与射手座混淆）。这件事情发生在Pelion山上。

[7]Pelion山，在希腊北部，参见I.281。

[8]爱神Venus，这里指代交配。

它有厚重的马鬃，倒向右肩，
从脊柱开始，横贯腰部有两条线，
厚实的马蹄发出沉沉的声音，
能在地面上踩出深深的脚印。
比如Sparta的Pollux驯服的Cyllarus，
希腊诗人传唱的Mars的共轭战马，
还有Achilles的战车神驹；
你别忘了那机灵的Saturnus他自己——
在他的妻子到来之际，
他把马鬃甩到马肩上，迅速逃离，
Pelion山上充斥着呼啸的嘶啼。

如果被疾病困扰，
因为年岁而苦恼，
你要把它安置在马厩里照料，
千万不要无视那无情的衰老。
老马通常对交配兴致不高，
会无故地拖延为难的苦劳，
而当它来到赛场，只会徒然地奔跑，
就像那无力的大火，在稻草上窜烧。
所以你首先要特别记清，
它们的精气神与年龄，
然后才是其他的属性，
比如父母双亲的大名，
失败的关头会有什么感情，
胜利的时候又会如何高兴。

nonne vides, cum praecipiti certamine campum
corripuere ruuntque effusi carcere currus,

105 cum spes arrectae iuvenum, exsultantiaque haurit
corda pavor pulsans? illi instant verbere torto
et proni dant lora, volat vi fervidus axis;
iamque humiles, iamque elati sublime videntur
aera per vacuum ferri atque adsurgere in auras;

110 nec mora nec requies; at fulvae nimbus harenae
tollitur, umescunt spumis flatuque sequentum:
tantus amor laudum, tantae est victoria curae.
primus Erichthonius[1] currus et quattuor ausus
iungere equos rapidusque rotis insistere victor.

115 frena Pelethronii[2] Lapithae gyrosque dedere
impositi dorso atque equitem docuere sub armis
insultare solo et gressus glomerare superbos.

---

[1]Erichthonius，Athens的国王，因为第一个使用驷马之车而闻名。
[2]Pelethronia指Lapitha人（参见II.457）居住的地区，可能是山区。

你不是经常看见吗——
激烈的跑马比赛，
当马车冲破了起点的围挡，
冲入了平坦的赛场，
那年轻的车夫们燃起了胜利的希望，
但同时，他们全身颤抖，血脉贲张，
几乎就要冲破紧绷的心脏！
他们身体前驱，放松马缰，
皮鞭飞扬，轮轴滚烫！
时而压低身体，时而头颅高昂，
马儿们似乎要冲破这透明的空气之墙，
飞向高空，飞向远方！
没有停顿，没有休养，
在后面紧跟的赛马，追得疯狂，
那喘气和泡沫因为沙尘而变黄！
它们对欢呼如此向往，
它们对胜利如此渴望！

Erichthonius最早勇于驾驶四匹马的战车，
而他的胜利就是建立在这飞快的车轮之上；
马背上，Pelethronia的Lapitha人，
最早使用马镳和环形驯马场；
他们教会重装骑士如何下马，
如何让马儿迈开骄傲的步伐。

aequus uterque labor, aeque iuvenemque magistri

exquirunt calidumque animis et cursibus acrem,

120   quamvis saepe fuga versos ille egerit hostis

et patriam Epirum[1] referat fortisque Mycenas[2]

Neptunique ipsa deducat origine gentem.

his animadversis instant sub tempus et omnis

impendunt curas denso distendere pingui,

125   quem legere ducem et pecori dixere maritum;

florentisque secant herbas fluviosque ministrant

farraque, ne blando nequeat superesse labori

invalidique patrum referant ieiunia nati.

ipsa autem macie tenuant armenta volentes,

130   atque, ubi concubitus primos iam nota voluptas

sollicitat, frondesque negant et fontibus arcent.

saepe etiam cursu quatiunt et sole fatigant,

cum graviter tunsis gemit area frugibus et cum

surgentem ad Zephyrum[3] paleae iactantur inanes.

---

[1]Epirus，在希腊北部，参见I.59。

[2]Mycenae，古希腊城邦，在Peloponnese半岛东北。相传Troy战争希腊军
的主帅Agamemnon就是Mycenae的国王。

[3]Zephyrus，西风之神。

无论是培育战马还是赛马，

所有的工作都是一样辛苦。

驯马者都是用同样的标准挑选马驹：

精力旺盛，奔跑积极；

而老马则更有可能退敌，

它们来自Epirus，

或是强大的Mycenae的领地，

或是来自Neptune[1]的直系。

当上面这些都考虑周全，

接下来要做好交配的打算，

选出马群的首领，

全心全意把他喂得健壮饱满。

给他新鲜的河水和谷物，还有野草的鲜花，

这样他不会被愉悦的"苦力"所累垮，

而且如果他骨瘦如柴，

那他的子嗣也经不起风刮。

但母马，要让她们保持精瘦健康，

当情欲引发了她们第一次的欲望，

就要停止她们的草料，远离水塘。

当谷仓被碾过的粮食压得吱吱作响，

当秸秆被乍起的西风吹得满地飞扬，

就经常把她们带上赛场，

晒晒那消磨体力的太阳。

---

[1]传说马是Neptune用三叉戟在地上刺开的裂缝里诞生的。 参见I.13。

135   hoc faciunt, nimio ne luxu obtunsior usus
      sit genitali arvo et sulcos oblimet inertis,
      sed rapiat sitiens Venerem[1] interiusque recondat.
      rursus cura patrum cadere et succedere matrum
      incipit. exactis gravidae cum mensibus errant,
140   non illas gravibus quisquam iuga ducere plaustris,
      non saltu superare viam sit passus et acri
      carpere prata fuga fluviosque innare rapacis.
      saltibus in vacuis pascunt et plena secundum
      flumina, muscus ubi et viridissima gramine ripa,
145   speluncaeque tegant et saxea procubet umbra.
      est lucos Silari[2] circa ilicibusque virentem
      plurimus Alburnum[3] volitans, cui nomen asilo
      Romanum est, oestrum Grai vertere vocantes,
      asper, acerba sonans, quo tota exterrita silvis
150   diffugiunt armenta; furit mugitibus aether
      concussus silvaeque et sicci ripa Tanagri[4].

---

[1]Venus，爱神。
[2]Silarus河，今名Sele河，在Italia南部Lucania。
[3]Alburnus山也在Lucania，距离Silarus河不远。
[4]Tanager河，今名Tanagro河，Silarus的支流。

人们这么做，
让沃土不至因为富营养而懈怠，
也让田垄不至于被淤泥所覆盖；
这饥渴的土地才会抓紧这欢爱，
并将其深深掩埋。

然后，对公马的呵护开始减少，
取而代之的是照看母马的辛劳。
随着月龄增加，她们也逐渐长膘；
千万不能让她们挂上轭去拉重车，
走路也不能随便蹦蹦跳跳，
也不能让她们在林间奔跑，
更不能在激流里渡河洗澡。
让她们在空旷的牧场吃草，
边上还有宽阔的河流解燥；
还有布满河床的绿色苔藓，
提供庇护的洞穴，和提供荫凉的巨岩。
但是，Silarus河边的树林中，
或是Alburnus山常绿的冬青丛，
生活着一种数量庞大的飞虫，
罗马人叫它asilus，
希腊人的叫法不一样，叫oestrus[1]。
它们不仅残忍，声音让人烦躁，
还会让整个兽群受惊，在林中四散逃跑；
那轰鸣的蹄声让树林颤抖，让空气动摇，
让Tanager河干枯的河岸，发出哀嚎。

---

[1] 一种飞虻。

hoc quondam monstro horribilis exercuit iras
Inachiae[1] Iuno[2] pestem meditata iuvencae.

hunc quoque, nam mediis fervoribus acrior instat,
arcebis gravido pecori, armentaque pasces
sole recens orto aut noctem ducentibus astris.

post partum cura in vitulos traducitur omnis,
continuoque notas et nomina gentis inurunt
et quos aut pecori malint submittere habendo
aut aris servare sacros aut scindere terram
et campum horrentem fractis invertere glaebis;
cetera pascuntur viridis armenta per herbas.

tu quos ad studium atque usum formabis agrestem,
iam vitulos hortare viamque insiste domandi,
dum faciles animi iuvenum, dum mobilis aetas.

ac primum laxos tenui de vimine circlos
cervici subnecte; dehinc, ubi libera colla
servitio adsuerint, ipsis e torquibus aptos
iunge pares et coge gradum conferre iuvencos;
atque illis iam saepe rotae ducantur inanes
per terram et summo vestigia pulvere signent;
post valido nitens sub pondere faginus axis
instrepat et iunctos temo trahat aereus orbes.

---

[1]Inachia指代Io，Inachius的女儿，Zeus的情人之一。为了防止她被Hera迫害，Zeus把Io变成一只小母牛，但是Hera还是发现了，然后放出牛虻叮咬Io。

[2]Juno，即天后Hera。

Juno之前就是用这怪物释放她的怒火，
用这诅咒去攻击Io变成的小牛。
在中午的时候，它们叮得更凶，
而且对其他孕期的牲畜也是相同，
所以你要趁朝阳出海时出动，
或是等到那夜晚带来的星空。

生产之后，关爱就都转移到幼崽，
马上给它烙上记号，标明其血脉，
选一些留作繁衍，
一些要用于祭典，
一些则要开垦土地，
处理凹凸不平满是土块的农田；
而剩下的让它们吃青草最方便。
留作当苦力，下田干活的小牛，
要趁它们脾气尚佳，资历尚浅，
为了驯服它们，你要开始训练。
先用柔枝编成宽松的项圈，
而后，当脖子适应了束缚，
通过这项圈连接两只牛犊，
驱使它们，同时迈出脚步。
然后常让它们上路，
拉动空车轻毂，
把浅浅的脚印踩上尘土；
再然后，连轴车轮的铜梁，
让挣扎的榉木轴在重压下吱呀作响。

interea pubi indomitae non gramina tantum
175   nec vescas salicum frondes ulvamque[1] palustrem,
sed frumenta manu carpes sata; nec tibi fetae
more patrum nivea implebunt mulctraria vaccae,
sed tota in dulcis consument ubera natos.
sin ad bella magis studium turmasque ferocis,
180   aut Alphea[2] rotis praelabi flumina Pisae[3]
et Iovis in luco currus agitare volantis:
primus equi labor est, animos atque arma videre
bellantum lituosque pati tractuque gementem
ferre rotam et stabulo frenos audire sonantis;
185   tum magis atque magis blandis gaudere magistri
laudibus et plausae sonitum cervicis amare.
atque haec iam primo depulsus ab ubere matris
audeat, inque vicem det mollibus ora capistris
invalidus etiamque tremens, etiam inscius aevi.

---

[1] ulva字典意思为sedge，中文叫薹草，但是牲畜似乎不能吃，所以这里可能指沼泽地里长的各种草类，比如蒲草。

[2] Alpheus河在Peloponnese半岛，流经Olympia。

[3] Pisa是Alpheus河边的小城，这里代指奥运会。

与此同时，这些小家伙野性十足，
不仅要给它们牧草，细嫩的柳叶，
和沼泽地的野草蒲，
还要吃你亲手种下的谷物。
不要像我们的父辈一样眼红，
让奶牛装满你雪白的空奶桶，
而是把所有的乳汁都留给可爱的幼童[1]。

但若你更希望为了战场培育勇敢的战马，
或者在Alpheus河边的奥运会上飞奔，
在Juppiter的圣林旁驾着马车绝尘，
马儿们最先要经历劳苦，
习惯士兵的勇气和军武，
忍受沙场的军号与战鼓，
马厩里的马镳声，还有喧腾的轮毂。
它会对主人逢迎的夸赞越来越自满，
还会对拍它脖子的响声越来越喜欢。
小马离开母亲的乳汁之后，
就要时常让它勇于面对，
在身体弱小，畏首畏尾，
对世事一无所知的年岁，
就让它适应柔软的马镳。

---

[1] 新出生的小牛。

190   at tribus exactis ubi quarta accesserit aestas,
carpere mox gyrum incipiat gradibusque sonare
compositis sinuetque alterna volumina crurum
sitque laboranti similis; tum cursibus auras,
tum vocet, ac per aperta volans ceu liber habenis
195   aequora vix summa vestigia ponat harena;
qualis Hyperboreis[1] Aquilo[2] cum densus ab oris
incubuit, Scythiaeque[3] hiemes atque arida differt
nubila: tum segetes altae campique natantes
lenibus horrescunt flabris summaeque sonorem
200   dant silvae longique urgent ad litora fluctus;
ille volat simul arva fuga, simul aequora verrens.
hinc vel ad Elei[4] metas et maxuma campi
sudabit spatia et spumas aget ore cruentas,
Belgica[5] vel molli melius feret esseda collo.

---

[1]Hyperborei, 字面意思是 "超北一族", 传说中住在极北地区的人。
[2]Aquilo, 北风之神。
[3]Scythia, 见I.240。
[4]Elis是奥运会主办地, 参见I.59。
[5]Belgae指居住在Gaul北部的居民, 在今Belgium。

等过完三个夏天，快进入第四个酷暑，
就开始让它进入驯马场[1]，
跟着节拍，迈开脚步，
交替地弯着关节走路，
看起来，就像在受苦。
然后让它脱离马辔束缚，
让它在空旷的平原飞舞，
让它跟清风比一下速度！
（尽量不要踩上沙地。）
它就像厚重的北风从极北之地聚起，
散播了Scythia的冬天与干燥的云气，
那丰收的谷物和起伏的平地，
在轻柔的风中也会战栗不已；
那风就这样一路横扫，
同时掠过农田与海岛，
树冠发出轻响，岸边迎来巨涛；
这样的马，或是从嘴里吐出血色的泡沫，
在最宽广的平原上尽情挥洒汗雨，
向着Elis的比赛终点冲去；
或是用它那柔软的脖子，
拉动Belgae的双轮战车[2]。

---

[1] 一种环形的驯马场地，参见III.115。
[2] 音居。

205   tum demum crassa magnum farragine corpus
   crescere iam domitis sinito: namque ante domandum
   ingentis tollent animos prensique negabunt
   verbera lenta pati et duris parere lupatis.
   sed non ulla magis viris industria firmat,
210   quam Venerem[1] et caeci stimulos avertere amoris,
   sive boum sive est cui gratior usus equorum.
   atque ideo tauros procul atque in sola relegant
   pascua post montem oppositum et trans flumina lata,
   aut intus clausos satura ad praesepia servant.
215   carpit enim viris paulatim uritque videndo
   femina nec nemorum patitur meminisse nec herbae
   dulcibus illa quidem inlecebris, et saepe superbos
   cornibus inter se subigit decernere amantis.

---

[1]Venus，爱神。

然后就给它喂食肥沃的饲料，
让已经驯服的马儿快快长膘，
因为在被驯服之前，
马儿有太强的心念，
会拒绝柔软的马缰，
更别提坚硬的马衔[1]。

无论你更喜欢驱使牛群还是驾驭马驹，
要让它们远离爱情和纵欲，
没有其他方法更能强化它们的身躯。
所以人们让公牛远离母兽，
跨过宽广的河流，
越过对面的山头，
让他们自己，独享受，
牧场的青草，绿油油；
或者是关进牛棚马厩，
让他们狠狠，吃个够。
母牛会一点点地消耗他们的精神，
只看一眼，也会让他们欲火焚身，
她那甜蜜的媚术，
让她的情人们忘却了牧场和食物，
让他们犄角相抵，全力以赴。

---

[1]一种衔在马嘴里的驯马工具，通常是金属，甚至带着尖刺。

pascitur in magna Sila[1] formosa iuvenca:

220   illi alternantes multa vi proelia miscent

volneribus crebris, lavit ater corpora sanguis,

versaque in obnixos urguentur cornua vasto

cum gemitu, reboant silvaeque et longus Olympus[2].

nec mos bellantis una stabulare, sed alter

225   victus abit longeque ignotis exulat oris,

multa gemens ignominiam plagasque superbi

victoris, tum, quos amisit inultus, amores;

et stabula aspectans regnis excessit avitis.

ergo omni cura viris exercet et inter

230   dura iacet pernox[3] instrato saxa cubili

frondibus hirsutis et carice pastus acuta,

et temptat sese atque irasci in cornua discit

arboris obnixus trunco ventosque lacessit

ictibus et sparsa ad pugnam proludit harena.

---

[1] 指Bruttium最大的一片森林地区。参见II.438。

[2] 这里用众神居所指代天空。

[3] 很多版本作pernix，疑似为pernox之误。

那美丽的母牛，

在像Sila那样广阔的森林里吃草[1]；

相反，公牛们有十足战意，

经常遍体鳞伤还战斗不已，

黑色的血痕遍布身体；

他们用牛角抵住死敌，

深吟响彻森林与天际。

对手们不会住在一起，

相反，失败者只能离开，

流亡到很远的陌生之地：

他哀嚎着奇耻大辱，

和胜利者在他身上留下的血污，

还有失去的，无法挽回的爱情之苦；

回望着先祖守护的领土，

他暗自神伤，独自上路。

于是他用全部的精力锻炼自己，

整夜在露天睡觉，

在乱石堆中休息，

吃的树叶满是荆棘，

啃的野草尖锐锋利；

他用树桩独自练习，

用牛角释放着怒气，

在风沙中练习战斗，奋力回击。

---

[1]这句不是很容易懂。可能是指母牛性格温顺，丢到大森林里吃草也不会走丢。

235   post ubi collectum robur viresque refectae,
       signa movet praecepsque oblitum fertur in hostem:
       fluctus uti medio coepit cum albescere ponto
       longius ex altoque sinum trahit, utque volutus
       ad terras immane sonat per saxa neque ipso
240   monte minor procumbit, at ima exaestuat unda
       verticibus nigramque alte subiectat harenam.
       omne adeo genus in terris hominumque ferarumque,
       et genus aequoreum, pecudes pictaeque volucres,
       in furias ignemque ruunt. amor omnibus idem.
245   tempore non alio catulorum oblita leaena
       saevior erravit campis, nec funera volgo
       tam multa informes ursi stragemque dedere
       per silvas; tum saevus aper, tum pessima tigris;
       heu male tum Libyae solis erratur in agris.

当精神焕发，体力恢复，
他马上重整旗鼓，
直向着健忘的对手迈出脚步：
就像那大海中的浪涛开始变白，
从深渊向远方拖曳出一条丝带，
大浪扑岸，宛若山崩，
礁石间发出轰鸣之声，
底层的海水像是在漩涡里翻涌沸腾，
海底的黑沙被通通卷起，一粒不剩！

这地球上所有的种族，
无论是兽欲还是人心，
无论是大海里的鱼群，
地上的牲畜或者五彩的飞禽，
都无可救药地向着欲火狂奔：
爱欲把所有生灵都一网打尽。
平原上的母狮忘掉了幼崽，
比平时更加凶残地游荡；
而森林里，那恐怖的熊，
也比平时造成了更多的伤亡；
野猪们凶暴，老虎最疯狂；
呜呼！
想想这时候，在Libya无人的荒野流浪！

250   nonne vides, ut tota tremor pertemptet equorum
       corpora, si tantum notas odor attulit auras?
       ac neque eos iam frena virum neque verbera saeva
       non scopuli rupesque cavae atque obiecta retardant
       flumina correptosque unda torquentia montis.
255   ipse ruit dentesque Sabellicus[1] exacuit sus
       et pede prosubigit terram, fricat arbore costas
       atque hinc atque illinc umeros ad volnera durat.
       quid iuvenis[2], magnum cui versat in ossibus ignem
       durus amor? nempe abruptis turbata procellis
260   nocte natat caeca serus freta; quem super ingens
       porta tonat caeli et scopulis inlisa reclamant
       aequora; nec miseri possunt revocare parentes
       nec moritura super crudeli funere virgo.
       quid lynces Bacchi variae et genus acre luporum
265   atque canum? quid, quae imbelles dant proelia cervi?

---

[1] Sabini人，参见II.532。

[2] 这段讲的是一对情侣Hero与Leander的故事。Hero是爱神*Aphrodite*的女祭司，住在Dardanelles海峡欧洲一侧的小城Sestos；而Leander则住在亚洲一侧的Abydus，每天晚上游过海峡与情人幽会。但是一天大风吹灭了Hero给Leander点燃的指引火炬，Leander在海里迷失方向而溺亡。得知此事的Hero也投水自尽。

你难道没有看见，
只要寻常的微风里传来那气息，
所有的公马都会全身颤抖，兴奋不已？
此时，无论是农夫的马辔或是皮鞭之苦，
还是大石块或是中空的峭壁，
或那奔腾的河流，冰冷刺骨，
以湍急的水浪，侵蚀着山谷，
都没法能让他们止步。
Sabini人的猪自己跑出来透气，
磨着牙齿，用蹄子翻动着土地，
肋部摩擦着树皮，
而肩上这里和那里的伤口永远不停，
它们反复结痂，逐渐变硬。
你可知那年轻人？
爱情的滋味，
将情欲的火种埋进他的骨髓，
黑夜的深邃，
让他横渡这风雨裹挟的海水；
在他的头顶，
天空敞开了大门，频频雷击，
海浪冲击着礁石，声声嘶厉；
可怜的双亲没有能将他唤回的奇迹，
即将同他赴死的少女也是无处可依。
Bacchus的杂色猞猁[1]，
凶暴的狼群，还有狗，会有什么经历？
那些温顺的雄鹿，居然也会互相为敌？

---

[1]Bacchus的车是猞猁拉的。

scilicet ante omnis furor est insignis equarum;
et mentem Venus ipsa dedit, quo tempore Glauci[1]
Potniades malis membra absumpsere quadrigae.
illas ducit amor trans Gargara[2] transque sonantem
270   Ascanium[3]; superant montis et flumina tranant.
continuoque avidis ubi subdita flamma medullis,
vere magis, quia vere calor redit ossibus: illae
ore omnes versae in Zephyrum stant rupibus altis,
exceptantque levis auras et saepe sine ullis
275   coniugiis vento gravidae, mirabile dictu,
saxa per et scopulos et depressas convallis
diffugiunt, non, Eure[4], tuos, neque solis ad ortus,
in Borean[5] Caurumque[6], aut unde nigerrimus Auster[7]
nascitur et pluvio contristat frigore caelum.
280   hic demum, hippomanes vero quod nomine dicunt
pastores, lentum destillat ab inguine virus,
hippomanes, quod saepe malae legere novercae
miscueruntque herbas et non innoxia verba.[8]

---

[1]Glaucus，Sisyphus之子，他的母亲是Pleiadas其中之一。他为了让母马
保持精力而不让她们交配，最后被疯狂的母马撕成碎片。Potniae是他居住的
村子，在希腊中部。
[2]Gargara山，参见I.103。
[3]Ascanius湖，位于Bithynia，今Turkey北部。
[4]Eurus，东风之神。
[5]Boreas，北方之神。
[6]Caurus，西北风之神。
[7]Auster，南风之神。
[8]参见II.129。

众所周知，母马的疯狂，

超过了其他一切的欲念；

Glaucus被Potniae的四张马嘴撕成碎片，

就是爱神Venus她自己让她们疯癫。

爱欲支配着她们穿过Gargara山巅，

渡过回响的Ascanius湖面，

跋山涉水，勇往直前。

当到欲望之火深入骨髓的时间，

特别在春天，燥热回归的春天，

她们会全部站在那悬崖边，

张大着嘴迎接西风的甘甜；

她们吐息着那轻柔的烟云，

居然没有交配也可以受孕，

说来让人头晕!

而后她们四散飞奔，

翻过乱石，越过悬崖，穿过深谷，

不，不去你那，东方，太阳升起之处，

而是转向极北之地，或是西北之都，

抑或是南风的故土，

最黑的它带来了寒雨，遮蔽了天幕。

最后到这里，hippomanes，

被牧羊人准确命名的"马毒"[1]，

那粘液从私处，滴滴渗出，

hippomanes，被残忍的继母，

用来混合毒草和可怕的咒术。

---

[1]hippomanes，英文为horse-heat（马燥）或horse-rage（马怒），通常用来制作使人发情的魅药。

sed fugit interea, fugit inreparabile tempus,

285   singula dum capti circumvectamur amore.

hoc satis armentis: superat pars altera curae,

lanigeros agitare greges hirtasque capellas.

hic labor, hinc laudem fortes sperate coloni.

nec sum animi dubius, verbis ea vincere magnum

290   quam sit, et angustis hunc addere rebus honorem;

sed me Parnasi[1] deserta per ardua dulcis

raptat amor; iuvat ire iugis, qua nulla priorum

Castaliam molli devertitur orbita clivo.

nunc, veneranda Pales[2], magno nunc ore sonandum.

295   incipiens stabulis edico in mollibus herbam

carpere ovis, dum mox frondosa reducitur aestas,

et multa duram stipula filicumque maniplis

sternere subter humum, glacies ne frigida laedat

molle pecus scabiemque ferat turpisque podagras[3].

---

[1]Parnasus山，有两个山头，是Muse的圣地，而Muse的圣泉Castalia也在此。参见II.18。

[2]Pales，畜牧女神，参见III.1。

[3]podagra原意是痛风，但是这个病只出现在人科动物身上。这里代指牛羊的蹄子上类似痛风的腐蹄病。是感染细菌引起的，潮湿的环境会加速细菌繁殖，加重症状。所以铺上干草，营造干燥通风的环境，可以抑制细菌繁殖，减少蹄子跟潮湿的土地接触。

但是与此同时，时光飞逝，
它，永不回头地向前奔驰，
当我们开始一一诠释，
就沉浸于这爱恋之思。
牛马的事情已经说得差不多，
要把剩下的精力，
投入那产毛的绵羊和山羊，
这可真是苦活！
强壮的牧民，也需要赞美！
以文字对其描绘，
令荣耀加于卑微，
我毫不怀疑这作品的宏伟！
但那甜蜜的爱人敦促着我，
穿越Parnasus的高山荒漠；
这山间漫步真是快活——
我们在Castalia泉水前经过，
拐进前人从未踏足的缓坡。

现在，受人崇拜的Pales！
我们要大声歌唱你的荣光！
首先，我需要强调，
羊群要在柔软舒适的棚子里吃草，
等待草木茂盛的夏日来到；
还要用很多秸秆铺满坚硬的地表，
下面再垫上成捆的蕨类；
这样冰冷的寒气，
就不会伤害柔弱的身体，
给它们带来疮痂和丑陋的腐蹄。

300　　post hinc digressus iubeo frondentia capris
　　　　arbuta sufficere et fluvios praebere recentis,
　　　　et stabula a ventis hiberno opponere soli
　　　　ad medium conversa diem, cum frigidus olim
　　　　iam cadit extremoque inrorat Aquarius[1] anno.
305　　haec quoque non cura nobis leviore tuendae,
　　　　nec minor usus erit, quamvis Milesia[2] magno
　　　　vellera mutentur Tyrios[3] incocta rubores.
　　　　densior hinc suboles, hinc largi copia lactis;
　　　　quam magis exhausto spumaverit ubere mulctra,
310　　laeta magis pressis manabunt flumina mammis.
　　　　nec minus interea barbas incanaque menta
　　　　Cinyphii[4] tondent hirci saetasque comantis
　　　　usum in castrorum et miseris velamina nautis.
　　　　pascuntur vero silvas et summa Lycaei[5]
315　　horrentisque rubos et amantis ardua dumos;
　　　　atque ipsae memores redeunt in tecta suosque
　　　　ducunt et gravido superant vix ubere limen.

---

[1]Aquarius即水瓶座。
[2]Miletus，古希腊城邦，在今Turkey西部，Aegean海沿岸。
[3]即Tyre紫，参见II.465,506。
[4]Cinyphius是Cinyps地区的一条河流，位于Libya，这里代指Libya。
[5]Lycaeus是Arcadia的一座山，参见I.16。

做完这些之后，

给山羊喂野莓树叶和清泉，

还要给它们建防风的羊圈，

中午朝着阳光，环境温暖，

特别当寒冷的水瓶座落山[1]，

白露开启了一年中的极寒。

它们跟绵羊同样需要照料，

而且收益也不比绵羊更少，

不过，Miletus的羊毛，

染上Tyre紫[2]，可以卖得很高。

它们的子嗣更多，产奶量也足，

无论你有多少浮着泡沫的奶桶，

就有多少营养的羊乳，

从被挤压的乳头流出。

与此同时，要给Libya的山羊，

剃掉那浓密的鬃毛簇，

从苍白的下巴上，刮掉那山羊胡，

那可以用来做军营的帐篷布，

给瑟瑟发抖的水手做保暖服。

它们在丛林或是Lycaeus山上觅食，

喜欢陡峭山崖上的荆棘或是带刺的野果丛；

它们记性很好，会带领小羊上山，

之后再回到羊圈；

它们的乳房如此浑圆，

几乎要跨不过那低矮的门槛。

---

[1] 太阳刚落山时看不到星空，所以我们以稍微晚一些的晚上七点钟为观察时间点，水瓶座落山大约在十二月初开始，到十二月底消失在地平线下。

[2] 原文为红，Tyre紫颜色偏红。

ergo omni studio glaciem ventosque nivalis
quo minor est illis curae mortalis egestas,
320   avertes, victumque feres et virgea laetus
pabula, nec tota claudes faenilia bruma.
at vero Zephyris[1] cum laeta vocantibus aestas
in saltus utrumque gregem atque in pascua mittet,
Luciferi[2] primo cum sidere frigida rura
325   carpamus, dum mane novum, dum gramina canent,
et ros in tenera pecori gratissimus herba.
inde ubi quarta sitim caeli collegerit hora
et cantu querulae rumpent arbusta cicadae,
ad puteos aut alta greges ad stagna iubebo
330   currentem ilignis potare canalibus undam;
aestibus at mediis umbrosam exquirere vallem,
sicubi magna Iovis antiquo robore quercus
ingentis tendat ramos, aut sicubi nigrum
ilicibus crebris sacra nemus accubet umbra;

---

[1]Zephyrus，西风之神。
[2]Lucifer，晨星，与Vesper相对，参见I.251。

所以即使只需人类很少的照顾，
你还是要用尽全部精力和劳苦，
帮它们阻挡冰雪和寒风的吹拂，
你要给它们喂食嫩树枝和食物，
千万不要整个冬天都关着草屋[1]。
盛夏来临，西风起伏，
再把羊群赶到丛林与牧场：
而当那启明星第一次显露，
让我们在寒冷的草场放牧，
新生的早晨，泛白的草木，
上面有牲畜最喜欢的露珠。
接下来，算着天空的分割，
四个小时[2]后，带来了干渴，
嘟哝的蝉在林间唱着怨歌，
你要把羊群领到井边，
或是深水的湖泊，
用冬青木的水槽，
导来活水给它们喝。
但是到了夏日的中午，
要寻找那阴凉的山谷，
只要有那Juppiter的巨大橡树，
那华盖宏伟的硬木，来自远古，
或是浓密的冬青林，
撑起那神赐的黑幕。

---

[1] 原文faenilia指堆着干稻草的牛羊棚屋。
[2] 白天从日出到日落划分为十二个小时。

335   tum tenuis dare rursus aquas et pascere rursus

solis ad occasum, cum frigidus aera Vesper[1]

temperat et saltus reficit iam roscida luna[2]

litoraque alcyonem[3] resonant, acalanthida[4] dumi.

quid tibi pastores Libyae, quid pascua versu

340   prosequar et raris habitata mapalia[5] tectis?

saepe diem noctemque et totum ex ordine mensem

pascitur itque pecus longa in deserta sine ullis

hospitiis: tantum campi iacet. omnia secum

armentarius Afer[6] agit, tectumque Laremque[7]

345   armaque Amyclaeumque[8] canem Cressamque[9] pharetram;

non secus ac patriis acer Romanus in armis

iniusto sub fasce viam cum carpit et hosti

ante expectatum positis stat in agmine castris.

at non, qua Scythiae[10] gentes Maeotiaque[11] unda,

350   turbidus et torquens flaventis Hister[12] harenas,

quaque redit medium Rhodope[13] porrecta sub axem.

---

[1]Vesper，昏星，参见I.251。但是晨星与昏星不可能在同一天看到，这里只是想象的场景。

[2]指月夜，参见I.424。

[3]参见I.399。

[4]acalanthis是一种很小的鸟，可能指Carduelis carduelis，欧洲的红额金翅雀。

[5]mapalia专指非洲游牧民的临时居所，很可能是帐篷。

[6]即Afican。

[7]Lar，罗马人的守护神或者灶神。这时北非已经被罗马统治约百年。

[8]Amyclaeus指代Sparta，参见III.89。

[9]即Crete。这里的Sparta的狗和Crete的箭筒可能只是虚指。

[10]Scythia，北方之地，参见I.240。

[11]Maeotis是Scythia的一个湖。有可能是Azov海。

[12]Danube河，参见II.497。

[13]Rhodope山，在今Greece与Bulgaria交界处。

而后，再给它们喂少许水草，

一直到太阳西沉——

冰冷的长庚星与寒意，

凝露的明月夜与草皮，

争鸣的翡翠鸟与海岸，

无畏的金翅雀与荆棘。

你们，Libya的牧民，

散落的帐篷，宽广的牧场，

我为何把你们歌唱？

牲畜们经常日夜不停地觅食，整月漂泊，

辗转于草原的辽阔，

却没有栖身的小窝：

所见之处，唯有大漠。

非洲的牧民总是随身带着所有的家伙：

他供奉的神明，他的武器，他的住所，

Crete的箭筒，Sparta的狗窝。

善战的罗马牧民，

也是带着祖国的武器，

背负沉重的包裹，踏上征程，

赶在被敌人[1]算计之前，

停下他的羊群，扎好他的帐篷。

那Scythia的民族和Maeotia湖的浪涛可不一样，

汹涌的Danube河，裹挟着金沙盘旋，

绵延的Rhodope山，在天极之下回转。

---

[1]可能指野兽，或者是流寇。

illic clausa tenent stabulis armenta, neque ullae
aut herbae campo apparent aut arbore frondes;
sed iacet aggeribus niveis informis et alto
355 terra gelu late septemque adsurgit in ulnas[1].
semper hiems, semper spirantes frigora Cauri[2].
tum Sol pallentis haud umquam discutit umbras,
nec cum invectus equis altum petit aethera, nec cum
praecipitem Oceani rubro lavit aequore currum.
360 concrescunt subitae currenti in flumine crustae
undaque iam tergo ferratos sustinet orbis,
puppibus illa prius, patulis nunc hospita plaustris;
aeraque dissiliunt vulgo vestesque rigescunt
indutae caeduntque securibus umida vina
365 et totae solidam in glaciem vertere lacunae
stiriaque impexis induruit horrida barbis.
interea toto non setius aere ninguit:
intereunt pecudes, stant circumfusa pruinis
corpora magna boum, confertoque agmine cervi
370 torpent mole nova et summis vix cornibus extant.

---

[1]ulna指前臂，这里以此作为长度单位，而且很可能只是虚指之数。
[2]Caurus，西北风之神。

在那里，人们把牲畜关在棚厩，
树上没有叶子，地上没有野草，
大地被白雪和冰霜笼罩，
完全看不出周围的面貌，
而那雪，堆成七臂之高！
永恒的冬日，
永恒的西北风在冰雪中呼啸。
那里，太阳神从未驱散那苍白的遮掩，
他从不在天空的高处出现，
无论是当他驾着骏马露脸，
或是他沉入那血红的海面。
湍急的河流上，冰层悄然凝固，
那浪涛居然承载着铁质的轮毂，
之前，各式的舰船自由漂浮，
现在，宽大的马车畅行无阻。
铜器会随时随处爆炸，
身上的衣服变成冰渣，
人们用斧头品尝美酒，
池塘都变成了冰疙瘩，
没有修整的胡须，上面结的冰挂，
比那胡子还邋遢。
与此同时，天上的雪花一点也不小，
牲畜一只只死掉，
只有硕大的公牛在冰霜中矗立不倒；
无精打采，成群的公鹿，
突如其来，白色的烦恼，
依稀可见，尖尖的鹿角。

hos non immissis canibus, non cassibus ullis
puniceaeve agitant pavidos formidine pennae,
sed frustra oppositum trudentis pectore montem
comminus obtruncant ferro graviterque rudentis
375   caedunt et magno laeti clamore reportant.
ipsi in defossis specubus secura sub alta
otia agunt terra congestaque robora totasque
advolvere focis ulmos ignique dedere.
hic noctem ludo ducunt et pocula laeti
380   fermento atque acidis imitantur vitea sorbis[1].
talis Hyperboreo[2] septem subiecta trioni[3]
gens effrena virum Rhiphaeo[4] tunditur Euro[5]
et pecudum fulvis velatur corpora saetis.
si tibi lanitium curae, primum aspera silva,
385   lappaeque tribolique[6], absint; fuge pabula laeta;
continuoque greges villis lege mollibus albos.

---

[1] sorbus即Sorbus domestica，是一种灌木，中文名叫花楸，跟苹果是近亲，果实红，小，成簇。这里用来代替葡萄酿酒。
[2] 极北之地，参见III.196。
[3] septemtrio，七星，指代北方。
[4] 即Rhipaeus山，参见I.240。
[5] Eurus，东风之神。
[6] 参见I.153。

这里没有猎狗追逃，
也没有使用猎网罩，
或是那鲜红的羽毛[1]，
把胆小的鹿群吓得到处跑；
而是齐胸的雪路，
穿山越岭的部族，
直面兵器的猎物，
奋力呼喊的一斧，
笑声不断的归途。
他们在深入地下的洞穴，
收集橡木和榆木取火，
过着简单而悠闲的生活；
入夜，他们就在这洞里消遣，
用啤酒和酸味的花楸，代酒取乐。
无拘无束的族裔，
极北七星的天地，
毛皮棕黄的裘衣，
Rhipaeus山的东风洗礼。

如果你想制作羊毛大衣，
那首先小心苍耳和蒺藜，
诸如此类，扎人的林地，
肥沃的草场，尽量远离，
选出羊毛软白的，聚在一起！

---

[1]在林边挂上鲜艳的羽毛或者类似物品，吓退逃出的鹿。

illum autem, quamvis aries sit candidus ipse,

nigra subest udo tantum cui lingua palato,

reice, ne maculis infuscet vellera pullis

390   nascentum, plenoque alium circumspice campo.

munere sic niveo lanae, si credere dignum est,

Pan[1] deus Arcadiae captam te, Luna[2], fefellit

in nemora alta vocans; nec tu aspernata vocantem.

at cui lactis amor, cytisum lotosque[3] frequentis

395   ipse manu salsasque ferat praesepibus herbas.

hinc et amant fluvios magis et magis ubera tendunt

et salis occultum referunt in lacte saporem.

multi iam excretos prohibent a matribus haedos

primaque ferratis praefigunt ora capistris.

---

[1] *Pan*神，参见I.10,17。

[2] 关于*Pan*诱惑*Selene*的故事，只有此文记录，没有其他证据。*Selene*有一位凡人情人，牧羊人Endymion，他们生了五十个女儿（这个数字已经接近成年凡人男性与同一女神的生育极限）。也许坊间因此流传了用羊毛当礼物诱惑*Selene*的故事。

[3] lotus可以是很多不同的植物。这里应该指各种三叶草，跟前面苜蓿是类似的草料。

但若你看到一只山羊，

就算那毛，白得闪亮，

若湿润的上颚下是黑色的舌尖[1]，

那千万不要用，把它丢回羊圈，

在漫山的羊羔里，再物色一遍；

不然它会把其他毛线，

全染上黑灰色的斑点。

如果传言可信，

就是因这雪白羊毛的礼物，

Pan，Arcadia之神族，

把你欺骗，把你俘虏，

噢，月神Selene!

深邃的林间他对你呼喊，

你也没有拒绝他的召唤。

倘若你喜欢羊奶，

要备很多苜蓿和三叶草，

还有加了盐的野草饲料，

到羊圈亲手把它们喂饱。

这样，它们会更喜欢喝水，

那乳房也会更加鼓胀下垂，

还能给奶带来神秘的咸味。

很多人不让羊羔接近母羊，

从第一天起，它们的小嘴，

就被套上了，铁芯的口箝。

---

[1]原文是黑色的舌头，但是找不到依据解释原因。可能是一种传染病，也可能只是玄学。

400 quod surgente die mulsere horisque diurnis,

nocte premunt; quod iam tenebris et sole cadente,

sub lucem exportant calathis, adit oppida pastor;

aut parco sale contingunt hiemique reponunt.

nec tibi cura canum fuerit postrema, sed una

405 velocis Spartae catulos acremque Molossum[1]

pasce sero pingui. numquam custodibus illis

nocturnum stabulis furem incursusque luporum

aut impacatos a tergo horrebis Hiberos[2].

saepe etiam cursu timidos agitabis onagros

410 et canibus leporem, canibus venabere dammas,

saepe volutabris pulsos silvestribus apros

latratu turbabis agens montisque per altos

ingentem clamore premes ad retia cervum.

---

[1]Molossi人居住在Epirus，参见I.59。
[2]Hiber即Iberia半岛，今Spain和Portugal。

若是早晨或是白天挤的奶，
到晚上要压成奶酪，
而到晚上挤的，过了太阳落山的点，
牧民会把奶存到桶里保鲜[1]，
等到天亮，送到城里卖钱，
或者加少许盐，存到冬天。

对牧羊犬的关心，
不该是你最后才考虑的准备，
Sparta的狗崽，它跑步如飞，
Molossi人的狗，凶恶的口碑，
快快拿肥美的乳清给它们喂!
它们会帮你守卫，
这样就不怕夜贼，
也不怕狼群尾随，
和盯着你的后背，
Iberia来的土匪。
它们还会去追逐，
胆小的野驴野兔；
用它们狩猎雌鹿；
那叫声能够赶出，
在丛林的泥沼里快活的野猪；
而在山岭的高处，
犬吠声能将巨大的雄鹿围堵，
掉进设好的网幕。

---

[1]晚上温度低，容易保鲜。

disce et odoratam stabulis accendere cedrum

415 galbaneoque[1] agitare gravis nidore chelydros.

saepe sub immotis praesepibus aut mala tactu

vipera delituit caelumque exterrita fugit,

aut tecto adsuetus coluber succedere et umbrae,

pestis acerba boum, pecorique aspergere virus,

420 fovit humum. cape saxa manu, cape robora, pastor,

tollentemque minas et sibila colla tumentem

deice. iamque fuga timidum caput abdidit alte,

cum medii nexus extremaeque agmina caudae

solvuntur, tardosque trahit sinus ultimus orbis.

---

[1] galbaneum是一种树脂香料，音译为格蓬脂或格蓬香胶。

你还要会从上面点燃雪松，
在棚厩里慢慢把香味释放，
或用厚重的格蓬香，
驱走那巨大的水蟒。
永久性的棚屋，
经常隐藏蛇窟，
它们惧怕天空，
而在暗地潜伏，
手一碰就中毒！
贴着地面的大蛇，
栖身屋下的阴影，
在牛群传播瘟疫，
给牲畜带来毒气。
农夫们！
快点抓起石头，抓起木棍！
当那凶暴的怪物直立向前，
脖子鼓大，吐着嘶嘶舌焰，
赶快把它揍扁！
这样它逃跑的时候——
胆小的头躲得远远，
松垮的身体和尾尖，
剩下那最远的曲线[1]，
拖曳着缓慢的蜿蜒。

---

[1]大概意思是说，身体松垮了，只剩下头部带动，导致移动缓慢。

425   est etiam ille malus Calabris[1] in saltibus anguis,
        squamea convolvens sublato pectore terga
        atque notis longam maculosus grandibus alvum,
        qui, dum amnes ulli rumpuntur fontibus et dum
        vere madent udo terrae ac pluvialibus Austris[2]
430   stagna colit, ripisque habitans hic piscibus atram
        improbus ingluviem ranisque loquacibus explet;
        postquam exusta palus, terraeque ardore dehiscunt,
        exsilit in siccum et flammantia lumina torquens
        saevit agris asperque siti atque exterritus aestu.
435   ne mihi tum mollis sub divo carpere somnos
        neu dorso nemoris libeat iacuisse per herbas,
        cum positis novus exuviis nitidusque iuventa
        volvitur, aut catulos tectis aut ova relinquens
        arduus ad solem et linguis micat ore trisulcis.

---

[1]Calabria，在Italia南部。
[2]Auster，南风之神。

在Calabria的森林里，
还有凶恶的巨蚺，
卷曲着多鳞的背部，
高耸着挺拔的胸骨，
长长的肚皮上，巨大的斑点遍布；
只要山泉溪水在流淌，
只要有多雨的风和潮湿的春，
只要大地被浸润，
池塘里，河岸边就会有这凶神，
把鱼和鼓噪青蛙一只只往下吞！
而当池塘的水干掉，
当大地被热焰煎熬，
巨蚺忍受干燥的地表，
滚动着火焰般的眼泡，
在田野中狂飙[1]——
既是因为口干舌燥，
也是因为惧怕炙烤。
而当它脱去衣服，获得新生，
像年轻时一样有闪亮的蛇皮，
它把幼蛇或卵留在窝里，
嘴里抖动着三叉戟[2]，
挺胸向着太阳出击，
这时候你想在露天小憩，
或是在林间草坪上休息——
可不要怪我，非常生气！

---

[1]可能在蜕皮，见下文。
[2]蛇的舌头都是二叉的，估计这里只是想象的怪物。

440   morborum quoque te causas et signa docebo.

turpis ovis temptat scabies, ubi frigidus imber

altius ad vivum persedit et horrida cano

bruma gelu, vel cum tonsis inlotus adhaesit

sudor et hirsuti secuerunt corpora vepres.

445   dulcibus idcirco fluviis pecus omne magistri

perfundunt, udisque aries in gurgite villis

mersatur missusque secundo defluit amni;

aut tonsum tristi contingunt corpus amurca

et spumas miscent argenti[1] et sulfura viva

450   Idaeasque[2] pices et pinguis unguine ceras

scillamque[3] elleborosque[4] gravis nigrumque bitumen.

non tamen ulla magis praesens fortuna laborum est,

quam si quis ferro potuit rescindere summum

ulceris os: alitur vitium vivitque tegendo,

455   dum medicas adhibere manus ad volnera pastor

abnegat et meliora deos sedet omnia poscens.

---

[1] spuma argenti指的是litharge,化学成分是一氧化铅,红色晶体,可以用来染发。中文又名密陀僧,唐时由波斯传入。但Vergil的时代,既没有密陀僧一词,更没有一氧化铅,暂按字面翻译为"银沫石"。

[2] Ida山,参见II.84, IV.41。这里指Phrygia的Ida山,在今Turkey。

[3] scilla指绵枣儿,一种球茎植物,茎叶提取物可以治疗心脏病,也是炼金术材料。

[4] elleborus指嚏根草,又名铁筷子。常用于炼金术。希腊神话中,发疯的Heracles被它治愈。发狂裸奔的Argos公主们,在医师Melampus帮助下服用嚏根草才恢复神智。

接下来我要教给你，

疾病的症状与起因。

当冬霜凌冽，寒雨彻骨，

羊就有丑陋的疮痂长出，

或是因为剃毛后黏在身上的汗珠，

以及多刺的荆棘划伤了它的皮肤。

所以，老道的牧羊人，

会把整个羊群引到清澈的小河里洗漱，

把山羊浸到水里，直到毛皮湿漉，

然后才让它们沿着溪流漂浮。

或者剃毛之后，

在它们身上擦上苦涩的橄榄油渣，

混合了银沫石[1]和天然硫磺，

再加上Ida山的沥青[2]，多油的蜡，

绵枣儿，味重的嚏根草，

还有黑色的矿物沥青[3]。

你要缓解这痛苦的脓疮，

就切入那最高点的鼓胀，

没有什么更能带来希望：

若那牧羊人两手一摊，拒绝帮忙，

只是坐在那里祈求上苍，

那这脓毒会在里面躲藏，

持续不断，吸收着营养。

---

[1] 见前页注。
[2] 树脂沥青，炼焦炭的副产品。
[3] 天然沥青。罗马人的天然沥青基本上来自今Palestine和Israel地区。

quin etiam, ima dolor balantum lapsus ad ossa
cum furit atque artus depascitur arida febris,
profuit incensos aestus avertere et inter
460   ima ferire pedis salientem sanguine venam,
Bisaltae[1] quo more solent acerque Gelonus[2],
cum fugit in Rhodopen[3] atque in deserta Getarum[4]
et lac concretum cum sanguine potat equino.
quam procul aut molli succedere saepius umbrae
465   videris aut summas carpentem ignavius herbas
extremamque sequi, aut medio procumbere campo
pascentem, et serae solam decedere nocti:
continuo culpam ferro compesce, prius quam
dira per incautum serpant contagia volgus.

---

[1]Bisaltae人生活在Strymon河流域。参见I.120。
[2]Geloni人是生活在Scythia。参见I.240，II.115。
[3]Rhodope山，参见III.351。
[4]Getae人生活在Danube河下游，与Daci人交界。这里指代他们生活的地区。

若是这苦痛深入骨髓，

这些咩咩叫的家伙就会发狂，

四肢关节就会被高烧所吞噬，

这时候要缓解这火燎般的高温，

在足跟部切开血管，血如泉涌[1]；

Bisaltae人就熟知这方法，

而那凶狠的Geloni人，

他们[2]从寒冷的Scythia，

迁徙到Rhodepe山和Getae人的荒地，

他们就往奶里加马血喝！

你只要看到一只羊，

经常跑到树荫下乘凉，

或是吃草也是懒洋洋，

总是走在队伍的最后方，

放牧时甚至倒在草地中央，

深夜还经常独自出门闯荡：

马上把这异端栓上铁链[3]！

防止这恐怖的腐毒皮藓[4]，

在毫无预防的羊群蔓延！

---

[1]传统的放血疗法。

[2]原文Gelonus用单数，所以后面的动词fugit和potat也是单数，应该是"他"而不是"他们"。这里按习惯改为复数。

[3]这里也可能是说用铁刀宰杀掉生病的羊。

[4]Vergil应该不知道细菌的存在。

470   non tam creber agens hiemem ruit aequore turbo,
quam multae pecudum pestes. nec singula morbi
corpora corripiunt, sed tota aestiva repente,
spemque gregemque simul cunctamque ab origine gentem.
tum sciat, aerias Alpis et Norica[1] si quis
475   castella in tumulis et Iapydis[2] arva Timavi[3]
nunc quoque post tanto videat desertaque regna
pastorum et longe saltus lateque vacantis.
hic quondam morbo caeli miseranda coorta est
tempestas totoque autumni incanduit aestu
480   et genus omne neci pecudum dedit, omne ferarum,
corrupitque lacus, infecit pabula tabo.
nec via mortis erat simplex, sed ubi ignea venis
omnibus acta sitis miseros adduxerat artus,
rursus abundabat fluidus liquor omniaque in se
485   ossa minutatim morbo collapsa trahebat.

---

[1]Noricum是Danube河与Alps山之间的一个部落国家，与Italia之间接壤，位置大部在今Austria。Vergil写此书时名义上还是与罗马同盟的独立国家，而后才逐步行省化，正式成为罗马的一部分。关于它公元前的详细史料似乎非常缺乏，而这里暗示它因为牛羊瘟疫而导致人口锐减国家衰亡，要塞城堡都被荒弃。

[2]Iapyx是神话里受*Apollo*青睐的医师，在Vergil的Aeneid里他治好了受伤的Aeneas，后来逃到了Italia，这里应该暗示他到了Italia之后曾经居住的地方。

[3]Timavus河，今名Timavo河，在今Italy与Slovenia交界Trieste城西北。

那乘着暴风雨从海上袭来的龙卷风，
都没有像牲畜的瘟疫一样频繁无情。
它从来不单单只带走一条性命，
而是连带羊群和羊羔，从年老到年轻，
瞬间卷走了整个夏令营[1]。
你就能从这现在的凄凉，
得知那遥远过去的景象：
高耸的Alps之傍，
Noricum山间要塞的高墙，
Iapyx在Timavus河谷的农场；
牧民的领地荒弃已久，
空寂的草原愈发宽广。

曾经在此，由整个秋日的暑气催化，
腐败的空气带来了风暴的悲怆，
毒水污染了湖泊，侵蚀了草场，
给所有的野兽带来死亡，
把全部的牲畜就地埋葬。
而这通向死亡之路也不是那么简便，
当那焚身的干渴在不幸的四肢蔓延，
全身都充满了流动的体液，
一点点侵蚀着所有的骨血，
一步步被这病魔全部瓦解。

---

[1]牧民经常迁徙放牧，分冬牧场和夏牧场。

saepe in honore deum medio stans hostia ad aram,
lanea dum nivea circumdatur infula vitta,
inter cunctantis cecidit moribunda ministros.
aut si quam ferro mactaverat ante sacerdos,
490   inde neque impositis ardent altaria fibris
nec responsa potest consultus reddere vates,
ac vix suppositi tinguntur sanguine cultri
summaque ieiuna sanie infuscatur harena.
hinc laetis vituli volgo moriuntur in herbis
495   et dulcis animas plena ad praesepia reddunt;
hinc canibus blandis rabies venit et quatit aegros
tussis anhela sues ac faucibus angit obesis.
labitur infelix studiorum atque immemor herbae
victor equus fontisque avertitur et pede terram
500   crebra ferit; demissae aures, incertus ibidem
sudor et ille quidem morituris frigidus, aret
pellis et ad tactum tractanti dura resistit.

经常，在给诸神的祭祀进行到一半，
当祭品头上围着雪白的羊毛巾[1]，站上祭坛，
它却突然倒下，奄奄一息，眼光涣散，
让助祭们[2]手足无措，一脸茫然。
或当祭司已经用刀将其光荣牺牲，
但是圣火却无法点燃献上的内脏，
预言家也没有办法读取任何卦象；
甚至那祭刀上几乎没有沾上鲜血，
只有沙地表层滴上了少量的脓液。
就这样，一只只的牛犊，
在丰饶的草地倒地身亡，
它们在饲料充足的牛场，
把甜美的生命交给冥王。
就这样，猎狗开始发狂，
病怏怏的家猪气喘吁吁，喉咙肿胀。
那曾是王者的骏马，
完全失去了食欲与热情，抑郁地倒下，
不去喝水，却常在地上用蹄子踩踏，
不时冒着虚汗，耳朵耷拉；
面对无情的死亡，
它身体变得冰凉，
它毛皮变得干硬，
它拒绝你的手掌。

---

[1] 很窄的布制头巾，后演变成金属头环。
[2] minister指祭司的助手。

haec ante exitium primis dant signa diebus;

sin in processu coepit crudescere morbus,

505   tum vero ardentes oculi atque attractus ab alto

spiritus, interdum gemitu gravis, imaque longo

ilia singultu tendunt, it naribus ater

sanguis et obsessas fauces premit aspera lingua.

profuit inserto latices infundere cornu

510   Lenaeos[1]; ea visa salus morientibus una;

mox erat hoc ipsum exitio, furiisque refecti

ardebant ipsique suos iam morte sub aegra,

— di meliora piis erroremque hostibus illum —

discissos nudis laniabant dentibus artus.

515   ecce autem duro fumans sub vomere taurus

concidit et mixtum spumis vomit ore cruorem

extremosque ciet gemitus. it tristis arator

maerentem abiungens fraterna morte iuvencum,

atque opere in medio defixa relinquit aratra.

---

[1]Lenaeus，即Bacchus，参见II.4。

它们在死前会表现出这些早期症状，
但症状也会随着病情加重：
接下来眼睛变得火红，
吐出的呼吸变得沉重，
时而伴随着呻吟之痛；
腹部的深处传出了悠长的哀恸，
黑色的污血流出了无力的鼻孔，
粗糙的舌头压迫了堵塞的喉咙。
为了缓解苦痛，人们拿牛角型的漏斗，
往它的嘴里灌Bacchus的美酒，
这对死亡似乎是唯一的解救：
但很快这救赎本身也成了毁灭之咒，
引燃疯狂的烈焰回归，
它们重新被残酷的死亡所支配，
整个身体像是被牙齿生生撕碎。
（噢，愿神明把这错乱留给敌人，
而将幸福赐予虔诚的我们！）
还有，看！
铁犁前热气腾腾的公牛，
也会突然地倒地不走，
吐出带着泡沫的血块，
述说着它临终的哀愁。
伤心的耕夫解开共轭之轴，
悲痛的耕牛因为兄弟的死全身发抖；
他们只能工作到一半，
留下插在地里的铁犁头[1]。

---

[1] 太重，剩下一头牛带不走。

520 non umbrae altorum nemorum, non mollia possunt
     prata movere animum, non qui per saxa volutus
     purior electro campum petit amnis; at ima
     solvuntur latera atque oculos stupor urguet inertis
     ad terramque fluit devexo pondere cervix.
525 quid labor aut benefacta iuvant? quid vomere terras
     invertisse gravis? atqui non Massica[1] Bacchi
     munera, non illis epulae nocuere repostae:
     frondibus et victu pascuntur simplicis herbae,
     pocula sunt fontes liquidi atque exercita cursu
530 flumina, nec somnos abrumpit cura salubris.
     tempore non alio dicunt regionibus illis
     quaesitas ad sacra boves Iunonis[2] et uris[3]
     imparibus ductos alta ad donaria currus.

---

[1]Massicus山，参见II.96,143。
[2]Juno，即天后Hera。罗马城的Juno神庙位于Capitolinus北面的山头Arx Capitolina，能直接俯瞰Forum。
[3]urus，参见III.374。

高耸树林的阴影，柔软的草皮，
都不能激起它的活力；
那流经平原，流过水底的石头，
比琥珀还要清澈的溪流，
也不能让它重新精神抖擞：
它的侧肉松弛无力，
它的眼神迟钝迷离，
它的脖子带着沉重的身体，
陷入这安宁的大地。

耕牛的劳苦，耕牛的付出，
给它们自己带来了什么帮助？
用这耕犁翻动这沉重的泥土，
又能收获什么幸福？
无论如何，它们不是被这美酒，
被酒神给Massicus山的馈赠所灌醉，
更不是因为这日复一日的宴会：
它们吃着树叶和简单的草卉，
碗里是清泉或是流动的溪水，
人们的关爱也不会打扰它们养生的午睡；
但是人们都说，唯有那个时候，
人们只得去乡下寻求，
给天后祭祀用的公牛，
去往高台祭坛的车头，
只好用不匹配[1]的野牛[2]。

---

[1]一个可能指野牛太大，跟车不配；或者指两只野牛体型很难一致，所以看起来不成对。
[2]大概指家牛因为瘟疫死了很多。

ergo aegre rastris terram rimantur et ipsis
535 unguibus infodiunt fruges montisque per altos
contenta cervice trahunt stridentia plaustra.
non lupus insidias explorat ovilia circum
nec gregibus nocturnus obambulat; acrior illum
cura domat; timidi dammae cervique fugaces
540 nunc interque canes et circum tecta vagantur.
iam maris immensi prolem et genus omne natantum
litore in extremo ceu naufraga corpora fluctus
proluit; insolitae fugiunt in flumina phocae.
interit et curvis frustra defensa latebris
545 vipera et attoniti squamis adstantibus hydri.
ipsis est aer avibus non aequus et illae
praecipites alta vitam sub nube relinquunt.
praeterea iam nec mutari pabula refert
artes nocent quaesitaeque; cessere magistri
550 Phillyrides Chiron[1] Amythaoniusque Melampus[2].

---

[1] Chiron是神话中贤明的半人马，精通草药与医术，后意外中毒却无力自救，放弃自己的不死之身。参见III.93注。
[2] Melampus，Amythaon之子，著名的预言家与医师，参见III.451注。

于是农夫只能可怜地用耙子翻开土地，
亲自动手埋下种子；
脖子上紧勒着的缰绳，
拉动吱呀的货车前行，
穿越那崇山峻岭。
那狼居然对羊群置之不顾，
也不会夜晚在兽群边留步，
更大的麻烦让它分身乏术；
胆怯的母鹿与公鹿，
却在狗群和房子周围驻足。
那时，大海的后裔，所有的水族，
就像沉船的残骸一般，
被大浪冲刷到海岸的末途，
不知所措的海豹甚至沿着河流逃到内陆！
而毒蛇，躲在自己弯曲的小径，
也是无法逃脱这残酷的宿命；
水蟒鳞片直竖，胆战心惊。
对于鸟类，甚至这空气也生着怪异，
它们掉头直下，回归大地，
将灵魂留给了天上的云气。
现在调整草料也没有意义，
寻医问药却只会加重恶疾；
你可知，这些神医：
Phillya的儿子Chiron，自救不及，
Amythaon的儿子Melampus，回天乏力。

saevit et in lucem Stygiis[1] emissa tenebris
pallida Tisiphone[2] Morbos agit ante Metumque[3],
inque dies avidum surgens caput altius effert.
balatu pecorum et crebris mugitibus amnes
555 arentesque sonant ripae collesque supini.
iamque catervatim dat stragem atque aggerat ipsis
in stabulis turpi dilapsa cadavera tabo,
donec humo tegere ac foveis abscondere discunt.
nam neque erat coriis usus nec viscera quisquam
560 aut undis abolere potest aut vincere flamma;
ne tondere quidem morbo inluvieque peresa
vellera nec telas possunt attingere putris;
verum etiam invisos si quis temptarat amictus,
ardentes papulae atque immundus olentia sudor
565 membra sequebatur nec longo deinde moranti
tempore contactos artus sacer ignis edebat.

---

[1] Styx，冥河之一，参见I.243。
[2] Tisiphone是Furies三女神之一。参见I.278注。
[3] Mobus和Metus是疾病和恐惧的概念神化。

愤怒的复仇女神Tisiphone，

她苍白的身影，

驱使着疾病与恐惧前行，

将冥河般的幽暗带给光明，

她居然在白昼现形，

急切的头颅更加高挺。

干涸的岸边，倾斜的山岭，

与低声嘟哝的溪流同鸣，

与咩咩叫的羊群共情。

而今她给兽群带来了灭顶之灾，

让棚厩堆满了丑恶腐化的尸骸，

直到人们明白，

要将它们藏进沟渠，就地掩埋。

没人能用这羊皮，

也没人能用流水净化病腐，

更没人能用火焰将其征服；

羊毛上也都是疾病和血污，

没法剪下，更加不能碰触。

倘若有人真的去感受这可怕的衣服，

炙热的脓包和污秽的汗珠，

就会蔓延到他恶臭的手足；

不用多久，这圣火之毒[1]，

就会吞噬他剩下的肌骨。

---

[1] ignis sacer是一种细菌引起的红疹，又称丹毒，朱毛丹。

LIBER IV

Protinus aerii mellis[1] caelestia dona
exsequar, hanc etiam, Maecenas, adspice partem.
admiranda tibi levium spectacula rerum
magnanimosque duces totiusque ordine gentis
5   mores et studia et populos et proelia dicam[2].
in tenui labor; at tenuis non gloria, si quem
numina laeva sinunt auditque vocatus Apollo[3].
principio sedes apibus statioque petenda,
quo neque sit ventis aditus — nam pabula venti
10   ferre domum prohibent — neque oves haedique petulci
floribus insultent aut errans bucula campo
decutiat rorem et surgentes atterat herbas.

---

[1] 古时候人们认为蜜蜂从空气中凝结的露珠采集蜂蜜。
[2] 本卷里用了很多拟人拟兽化的词语形容蜂群，翻译将酌情处理。
[3] 养蜂之神Aristaeus是*Apollo*之子。

卷四

接下来，我要讲述天赐的荣光，
Maecenas，也请你在此驻足观赏——
蜂蜜，它从天而降！
如此微小的生灵，
如此宏大的剧场；
心胸宽广的蜂王，
国家运转的日常，
虫群，战斗，还有工作的繁忙，
我将为你一一歌唱！
这苦劳可是微不足道，
但若那些相左的神明[1]没有阻挠，
而Apollo听从我的祈祷，
这文章可是无比荣耀！

首先要帮蜜蜂把住处寻好：
没有大风能够吹到，
（因为风会阻挠它们带着食物回巢；）
没有羊群和欢闹的羊羔，
在鲜花丛中乱跳；
没有平原上闲逛的小牛，
把露珠全部蹭掉，
啃食猛长的野草。

---

[1]可能指后文来自冥界的诅咒，致使蜜蜂病亡。

absint et picti squalentia terga lacerti
pinguibus a stabulis meropesque aliaeque volucres
15   et manibus Procne[1] pectus signata cruentis;
omnia nam late vastant ipsasque volantes
ore ferunt dulcem nidis immitibus escam.
at liquidi fontes et stagna virentia musco
adsint et tenuis fugiens per gramina rivus,
20   palmaque vestibulum aut ingens oleaster inumbret,
ut, cum prima novi ducent examina reges
vere suo ludetque favis emissa iuventus,
vicina invitet decedere ripa calori,
obviaque hospitiis teneat frondentibus arbos.
25   in medium, seu stabit iners seu profluet umor,
transversas salices et grandia conice saxa,
pontibus ut crebris possint consistere et alas
pandere ad aestivum solem, si forte morantes
sparserit aut praeceps Neptuno[2] immerserit Eurus[3].

---

[1]Procne，希腊神话中的人物，化为燕子；她的丈夫Tereus强奸了她的妹妹Philomela；为了复仇，Procne杀死了他们的儿子，将其煮熟给Tereus吃下。Tereus得知后拿着斧子追杀两姐妹。后Procne变成了燕子，胸前的红色代表她犯下的罪（可能是Hirundo lucida赤胸燕，与家燕非常相似）；Philomela变成了夜莺；而Tereus变成了戴胜鸟。

[2]Neptune这里指代各种水域。

[3]Eurus，东风之神。

这丰饶的棚厩[1]，
不要有那彩色鳞背的蜥蜴，
也不要有蜂虎[2]或是其他会飞的天敌，
或是胸前标识着满手鲜血的赤胸燕[3]：
它们把附近的一切都吃个遍，
蜜蜂自己，都成了巢中凶悍雏鸟的甜点。
但是要有清澈的泉水，
布满苔藓的池塘，
草坪上小溪流淌；
巨大的野橄榄或是棕榈树，
可以给它们的门庭遮阳：
如此，在它们时节里的春光，
新的蜂王率领着第一批的部将，
刚孵出的幼虫，出门嬉戏闯荡，
临近的河岸邀请它们飞去乘凉，
热情的树木营造了绿色的客房。
无论水是静止还是流动，
将柳树和大石丢进水中，
就像是密集的桥梁交通：
蜜蜂可以在上面起降，
朝着暖阳，晾晒翅膀；
特别是偶尔，
吹起了急切的东风，
吹散了蜜蜂的欢愉，
吹进了海神的领域。

---

[1]Vergil这里把蜂巢比喻成牲畜的棚厩。
[2]一种鸟类，喜欢吃蜜蜂。
[3]见前页注。

30   haec circum casiae[1] virides et olentia late
        serpylla[2] et graviter spirantis copia thymbrae[3]
        floreat inriguumque bibant violaria[4] fontem.
        ipsa autem, seu corticibus tibi suta cavatis,
        seu lento fuerint alvaria vimine texta,
35   angustos habeant aditus: nam frigore mella
        cogit hiems, eademque calor liquefacta remittit.
        utraque vis apibus pariter metuenda; neque illae
        nequiquam in tectis certatim tenuia cera
        spiramenta linunt fucoque et floribus oras
40   explent collectumque haec ipsa ad munera gluten
        et visco[5] et Phrygiae servant pice lentius Idae[6].
        saepe etiam effossis, si vera est fama, latebris
        sub terra fovere[7] larem, penitusque repertae
        pumicibusque cavis exesaeque arboris antro.
45   tu tamen et levi rimosa cubilia limo
        ungue fovens circum et raras superinice frondes.
        neu propius tectis taxum sine, neve rubentes
        ure foco cancros, altae neu crede paludi,
        aut ubi odor caeni gravis aut ubi concava pulsu
50   saxa sonant vocisque offensa resultat imago.

---

[1] 这里的casia应该是跟II.213一样。
[2] serpyllum即Thymus serpyllum，中译为铺地百里香或者野百里香，是重要的花蜜植物。
[3] thymbra很可能是Satureia hortensis，夏香薄荷。
[4] viola这里指Viola odorata，香堇。
[5] 参见I.139槲寄生粘鸟胶。
[6] 参见II.84，III.450。
[7] 有版本作fodere。

绿色瑞香环绕，
铺地百里香飘，
浓郁的夏香薄荷到处开花，
泉水边香堇草圃伏地喝茶。
无论是粘合中空的树皮，
还是编织的柳树软条，
蜂房的出入口一定要窄小：
冬寒会让蜂蜜冻牢，
暑气让其液化虚耗。
蜜蜂对二者同样烦恼；
它们可不是闲着无聊，
才用蜡封住了房子的小口，
用花朵和蜂胶塞满了四周；
它们还储存着胶水，
特地为这个用途预留，
比粘鸟胶或是Ida山上的沥青还要粘手！
若传言可信，
它们还经常在地下挖出洞穴保暖，
也会经常深入多孔的火山石避寒，
还会藏身腐烂的树干！
用稀泥涂上蜂箱的开裂，
在周围撒下稀疏的树叶；
不要接近红豆杉[1]，更不要烤螃蟹[2]，
不要相信大沼泽，或是恶臭之野，
或是中空的石块，在敲击下回音不绝。

---

[1] 参见II.257注。
[2] 这里螃蟹出现比较突兀，参见IV.389注。

quod superest, ubi pulsam hiemem sol aureus egit
sub terras caelumque aestiva luce reclusit,
illae continuo saltus silvasque peragrant
purpureosque metunt flores et flumina libant
55   summa leves. hinc nescio qua dulcedine laetae
progeniem nidosque fovent, hinc arte recentes
excudunt ceras et mella tenacia fingunt.
hinc ubi iam emissum caveis ad sidera caeli
nare per aestatem liquidam suspexeris agmen
60   obscuramque trahi vento mirabere nubem,
contemplator: aquas dulces et frondea semper
tecta petunt. huc tu iussos adsperge sapores,
trita melisphylla[1] et cerinthae[2] ignobile gramen,
tinnitusque cie et Matris[3] quate cymbala circum.
65   ipsae consident medicatis sedibus, ipsae
intima more suo sese in cunabula condent.

---

[1] melisphyllum很可能是Melissa officinalis，香蜂花，一种重要的花蜜植物，看名字就知道蜜蜂特别喜欢。

[2] cerintha，即Cerinthe major，又名honeywot，翻译为蜜蜡花。

[3] 这里指地母神Cybele，参见II.84注。

接下来，就等金黄的太阳，
将冬寒逼入到地下躲藏，
在天空重现夏日的光芒，
蜜蜂随即就在林间草地尽情翱翔，
采集紫色的花香，
轻吻溪水的脸庞。
于是，它们喂饱了后代和蜂巢，
于是，它们用新鲜的蜂蜡展示技巧，
于是，它们把粘稠的蜂蜜酿造，
其中的乐趣，我都不曾知晓！
于是，当你看着那蜂群离开，
飞越了清朗的夏日[1]，
飞向了那星辰之海，
乌云般的蜂群随风摇摆；
你仔细看——
它们总是青睐，甜美的河川，
它们总是追逐，绿荫的陪伴。
你要按这配方播撒美味：
香蜂花，先捣碎，
蜜蜡花，最卑微；
在四周敲起那地母神的铜钹，
制造叮铃的清脆！
它们会给蜂房附上独特的风味，
用自己的方式藏进最深的堡垒。

---

[1] 传统理解这里aestas代表夏季的空气。

sin autem ad pugnam exierint, nam saepe duobus
regibus incessit magno discordia motu,
continuoque animos vulgi et trepidantia bello
70 corda licet longe praesciscere; namque morantes
Martius ille aeris rauci canor increpat et vox
auditur fractos sonitus imitata tubarum;
tum trepidae inter se coeunt pennisque coruscant
spiculaque exacuunt rostris aptantque lacertos
75 et circa regem atque ipsa ad praetoria densae
miscentur magnisque vocant clamoribus hostem.
ergo ubi ver nactae sudum camposque patentes,
erumpunt portis; concurritur, aethere in alto
fit sonitus, magnum mixtae glomerantur in orbem
80 praecipitesque cadunt; non densior aere grando,
nec de concussa tantum pluit ilice glandis.
ipsi per medias acies insignibus alis
ingentes animos angusto in pectore versant,
usque adeo obnixi non cedere, dum gravis aut hos
85 aut hos versa fuga victor dare terga subegit.

但若它们出发去了战场，
那经常是因为两只蜂王，
因为那宏大的志向，
产生了激烈的碰撞；
隔着很远，你都能立刻感知这双方的气场，
以及它们的心脏对战斗的渴望。
空气中低沉的声音正如战神的召唤，
提醒着迟来的同伴，
这声音就像破开大地的号角一般！
然后它们焦急地聚拢成团，
鼓动着翅膀，准备好利牙和针尖，
调整好它们的螯钳，
围着蜂王和大营团团打转，
向着敌军发出竭力的嘶喊。
于是，当春光明媚，大地宽广，
它们就会像潮水般从大门涌出，
它们同步前行，响彻天穹，
它们聚成大球，迎头俯冲！
从没有冰雹如此密集地坠落天空，
橡树上摇落的橡子，
也不至如此像下雨般躁动。
在士兵之间，蜂王有着显著的双翅，
带动瘦小的身躯，鼓舞远见的胆识，
它们的决心毫不动摇，
直到更加强大的胜者，
把这方或是那方打得落荒而逃。

hi motus animorum atque haec certamina tanta

pulveris exigui iactu compressa quiescent.

verum ubi ductores acie revocaveris ambo,

deterior qui visus, eum, ne prodigus obsit,

90　　dede neci; melior vacua sine regnet in aula.

alter erit maculis auro squalentibus ardens;

nam duo sunt genera: hic melior, insignis et ore

et rutilis clarus squamis, ille horridus alter

desidia latamque trahens inglorius alvum.

95　　ut binae regum facies, ita corpora plebis.

namque aliae turpes horrent, ceu pulvere ab alto

cum venit et sicco terram spuit ore viator

aridus; elucent aliae et fulgore coruscant

ardentes auro et paribus lita corpora guttis.

100　　haec potior suboles, hinc caeli tempore certo

dulcia mella premes, nec tantum dulcia, quantum

et liquida et durum Bacchi[1] domitura saporem.

at cum incerta volant caeloque examina ludunt

contemnuntque favos et frigida tecta relinquunt,

105　　instabiles animos ludo prohibebis inani.

---

[1]指酒。

这灵魂的冲动，这激烈的斗争，
被一捧细沙，打消得一干二净。

你若是从战线上召回双方的将领：
你要将弱者处死，
以免它制造更大的麻烦，
让强者将失去抵抗的内廷接管，
它可闪耀着金色的硬斑！
有两种不同的蜂王：
好的外貌美观，金红的鳞片一闪一闪；
另一种就丑陋且懒散，
毫无廉耻地拖曳着肥大的肚腩！
正如蜂王有两只形态，工蜂也有不同：
一种肮脏而且粗俗，
就像那口渴的旅行者从沙漠深处走出，
干裂的嘴里全是沙土；
另一种则光彩耀人，
全身金光闪闪，带着匀称的斑点，
这个品种就更加值得推荐：
到了特定的收获时间，
你就能压榨出蜂蜜的香甜，
啊，不止是香甜，而且清澈，
可以用来征服Bacchus的苦涩！
但若蜂群胡乱飞行，在空中嬉戏，
留下那冰冷的房间，把蜂巢抛弃，
那你就要遏止它们不安定的心计，
防止它们继续纵情顽皮。

nec magnus prohibere labor: tu regibus alas
eripe; non illis quisquam cunctantibus altum
ire iter aut castris audebit vellere signa.
invitent croceis halantes floribus horti
110   et custos furum atque avium cum falce saligna
Hellespontiaci servet tutela Priapi[1].
ipse thymum pinosque ferens de montibus altis
tecta serat late circum, cui talia curae;
ipse labore manum duro terat, ipse feraces
115   figat humo plantas et amicos inriget imbres.
atque equidem, extremo ni iam sub fine laborum
vela traham et terris festinem advertere proram,
forsitan et, pingues hortos quae cura colendi
ornaret, canerem, biferique rosaria Paesti[2],
120   quoque modo potis gauderent intiba rivis
et virides apio ripae, tortusque per herbam
cresceret in ventrem cucumis; nec sera comantem
narcissum aut flexi tacuissem vimen acanthi[3]
pallentesque hederas et amantes litora myrtos[4].

---

[1]Priapus是园艺之神，也是生殖和养蜂之神。关于其双亲的版本很多。最
普遍认为他是酒神Bacchus之子。他手里拿着阉割用的小刀（防贼）。古时候
在Hellespont即Dardanelles海峡有对他的崇拜活动。
[2]Paestum是Italia南部的一个城镇。
[3]acanthus，参见II.119注。
[4]myrtus，参见II.64注。

而这件事情也不是很难:
只需把蜂王的翅膀弄断。
它在蜂巢停留坐镇,
就没有人敢出远门,
或放弃自己的责任。
让花园充满了藏红花香,
让蜜蜂在里面徜徉,
让Priapus,Hellespont之神,
让他在此看守,防盗防鸟,
让他手里拿着柳木的小刀。
让用心于此的农夫,
在周围种上,高山的百里香和松树,
让他磨砺筋骨:
让他自己体验这纷繁劳作的辛苦,
让他自己把多产的树木种进泥土,
让他自己为其浇淋上和善的雨露。

诚然,倘若不是因为,现在接近我航程的结尾,
我要拖着风帆,让船头快速驶向陆地,
我大概还应该继续歌唱,
需要如何照料这华美的庭院,
一年两度开花,Paestum的蔷薇花园,
畅饮小溪的菊苣,
染绿岸边的欧芹;
黄瓜在草地上蜿蜒,怎么长成那膨大的体型!
我也不该绝口不提,
开花很迟的水仙,枝条弯曲的茛苕,
苍白的常春藤,喜欢海岸的桃金娘。

125   namque sub Oebaliae[1] memini me turribus arcis,

qua niger umectat flaventia culta Galaesus[2],

Corycium[3] vidisse senem, cui pauca relicti

iugera[4] ruris erant, nec fertilis illa iuvencis

nec pecori opportuna seges nec commoda Baccho.

130   hic rarum tamen in dumis olus albaque circum

lilia verbenasque[5] premens vescumque papaver

regum aequabat opes animis seraque revertens

nocte domum dapibus mensas onerabat inemptis.

primus vere rosam atque autumno carpere poma,

135   et cum tristis hiems etiamnum frigore saxa

rumperet et glacie cursus frenaret aquarum,

ille comam mollis iam tondebat hyacinthi[6]

aestatem increpitans seram Zephyrosque[7] morantes.

---

[1] Oebalia即Tarentum，Italia南部一座城市。Oebalus原是希腊Sparta的国王，而Tarentum最早就是由Sparta的移民建立。这里暗示后面的老者来自希腊。

[2] Galaesus是Tarentum边上的一条河。

[3] Corycius是Parnasus山上的一个洞穴，自新石器时代开始就是圣地。在这里有各种各样的神话传说，比如Zeus本人曾被关于此处。参见II.18，III.291。这里应该指代Parnasus山，就是Muse的圣山。Vergil特地点出这座圣山，大概是为了暗示这个人来头不简单。

[4] jugerum是罗马的田亩单位，一亩相当于约2500平方米，约4市亩。

[5] verbena可以指各种香料或是药用的植物。从上下文看这里很可能指某种药草。

[6] hyacinthus在现代命名于风信子，但是这里可能指的是Gladiolus communis，唐菖蒲。后者蜜蜂可以采蜜。

[7] Zephyrus，西风之神。

记得在Tarentum的要塞高塔之旁，

黑色的Galaesus河浸润了金黄的农场，

我曾见过一位来自Parnasus山的"老丈"[1]，

有几亩不够肥沃的田荒，

既不能耕作或放牧，

也不适合种植葡萄，

但他在荆棘丛里散种了杂花异草，

白色的百合环绕，

还有细枝的罂粟和草药。

他感觉就像国王一样收入丰厚：

忙忙碌碌了一整天，

夜里深了才回房间，

变出一桌免费的盛宴！

春日先播种蔷薇，

秋天还收获果实；

直到忧郁的冬寒冻散了石堆，

用那冰霜封住了流动的河水，

但他还能摘取唐菖蒲的嫩叶尖，

抱怨着西风在别处留恋，

臭骂着姗姗来迟的夏天。

[1] 见IV.140注。

ergo apibus fetis idem atque examine multo

140   primus[1] abundare et spumantia cogere pressis

mella favis; illi tiliae atque uberrima pinus,

quotque in flore novo pomis se fertilis arbos

induerat, totidem autumno matura tenebat.

ille etiam seras in versum distulit ulmos

145   eduramque pirum et spinos[2] iam pruna ferentes

iamque ministrantem platanum potantibus umbras.

verum haec ipse equidem spatiis exclusus iniquis

praetereo atque aliis post me memoranda relinquo[3].

nunc age, naturas apibus quas Iuppiter[4] ipse

150   addidit, expediam, pro qua mercede canoros

Curetum[5] sonitus crepitantiaque aera secutae

Dictaeo caeli regem pavere sub antro.

solae communes natos, consortia tecta

urbis habent magnisque agitant sub legibus aevum,

155   et patriam solae et certos novere penates,

venturaeque hiemis memores aestate laborem

experiuntur et in medium quaesita reponunt.

---

[1] 人类养蜂历史很长，至少古埃及和古希腊都有文献记录。所以这里暗示前文的senex不是一般的老者，而是长生不老的神祇。

[2] spinus指Prunus spinosa，黑刺李，长有西梅状的果实，可食。

[3] 这里也暗示，后人也有机会述说老者的事情。

[4] 相传二代神王Saturnus为了防止子嗣推翻他的统治，把子女一个个都吞进肚子。唯有最小的Zeus被母亲Rhea保护在Crete岛上Dicte山的一个山洞里。按照这里的说法，Zeus靠蜂蜜活了下来。

[5] Curetes指Crete岛上Zeus的祭司，以吵闹的祭乐著名。

于是他最早坐拥无数勤劳的蜜蜂，
他也最早尝试压榨蜂巢，
收集的蜂蜜满是泡泡。
他还有椴树和最高产的松树，
这些丰饶的树木，
春天披上了多少新织的锦绣，
秋天就有多少硕果挂在枝头。
他还把晚熟的榆树按行列种齐，
还有那非常硬的梨子，长了果子的黑刺李，
大树还能给路过讨水喝的旅者提供荫蔽。
但是我在此处，的确篇幅不多，
只能暂且略过，留待后人述说。

噢，来吧，我要开始畅想，
神王Juppiter他自己为蜜蜂赋予了多少荣光，
它们为了什么样的奖赏，
跟随着Curetes祭司的乐章，
在天上熙熙攘攘，
把空气中的蜜糖，
带给了Dicte洞中的王。
自然中唯有它们，共同抚养子嗣，
拥有公共的房屋，大若都市，
在庞大的规则下生活度日；
也唯有它们，了解自己的国度与住所，
因为知晓冬寒将至，
会在夏日辛苦劳作，
共同分享劳动成果。

namque aliae victu invigilant et foedere pacto
exercentur agris; pars intra saepta domorum
160   Narcissi[1] lacrimam et lentum de cortice gluten
prima favis ponunt fundamina, deinde tenaces
suspendunt ceras; aliae spem gentis adultos
educunt fetus, aliae purissima mella
stipant et liquido distendunt nectare[2] cellas.
165   sunt quibus ad portas cecidit custodia sorti,
inque vicem speculantur aquas et nubila caeli
aut onera accipiunt venientum aut agmine facto
ignavum fucos pecus a praesepibus arcent.
fervet opus, redolentque thymo fragrantia mella.
170   ac veluti lentis Cyclopes[3] fulmina massis
cum properant, alii taurinis follibus auras
accipiunt redduntque, alii stridentia tingunt
aera lacu; gemit impositis incudibus Aetna[4];
illi inter sese magna vi bracchia tollunt
175   in numerum versantque tenaci forcipe ferrum:
non aliter, si parva licet componere magnis,
Cecropias[5] innatus apes amor urget habendi,
munere quamque suo. grandaevis oppida curae
et munire favos et Daedala[6] fingere tecta.

---

[1] Narcissus是神话中爱上自己的少年。但是似乎只有Vergil在这里提到了他的眼泪；可能指代花露。

[2] nectar是神的饮料。

[3] Cyclops，Sicily岛上的独眼巨人。参见I.471。

[4] Aetna火山，参见I.472。

[5] Cecrops是传说中Athens初代国王。这里指代Athens的蜜蜂。

[6] Daedalus是希腊著名的工匠，制作了木牛，关着Minotaur的迷宫，还有

它们中的一部分，按照既定的分工，

专职寻找食物，常年翱翔于田野之中；

另外一部分，生活在蜂房的围墙之内，

用来自树皮的粘胶[1]，和Narcissus之泪，

给蜂巢先打下最初的地桩，

然后再挂上粘性的蜂蜡作墙；

还有专职带领幼蜂，族群的希望；

或是提炼蜂蜜，将蜂巢堆满这神之琼浆！

还有一些，按其命运，在大门口守岗；

或是轮流去查看云情和雨况，

安排处理货物的到港，

或是成群结队，把那些好吃懒做的家伙[2]赶出蜂房！

越来越多的工作，越来越悠长的百里香。

正如那些Cyclops巨人，

手脚飞快地用熔块锻造闪电：

有些来回鼓动着牛皮的风箱，

有些把铜块泡进湖里，滋滋作响；

然后铁砧震动，Aetna随之摇晃！

他们轮番上阵，使出巨大的力量，

用钳子夹紧，来回翻动着铁矿，

跟着那节奏，上下挥舞着臂膀。

同理，如果微小的事物可以与庞大的相提并论，

那天生的欲望就督促着Athens的蜜蜂各自分工：

那些老熟的蜜蜂就管理都市，

加固巢穴，建起技艺精湛的蜂房。

他和他儿子Icarus的翅膀。

[1] 松树脂。

[2] 原文是fucus，即drone雄蜂，不会干活，只负责跟蜂王完成交配。

180   at fessae multa referunt se nocte minores,

crura thymo plenae; pascuntur et arbuta passim

et glaucas salices casiamque[1] crocumque rubentem

et pinguem tiliam et ferrugineos hyacinthos[2].

omnibus una quies operum, labor omnibus unus:

185   mane ruunt portis; nusquam mora; rursus easdem

Vesper[3] ubi e pastu tandem decedere campis

admonuit, tum tecta petunt, tum corpora curant;

fit sonitus, mussantque oras et limina circum.

post, ubi iam thalamis se composuere, siletur

190   in noctem fessosque sopor suus occupat artus.

nec vero a stabulis pluvia impendente recedunt

longius aut credunt caelo adventantibus Euris[4],

sed circum tutae sub moenibus urbis aquantur,

excursusque breves temptant et saepe lapillos,

195   ut cumbae instabiles fluctu iactante saburram,

tollunt, his sese per inania nubila librant.

---

[1] 指瑞香，参见II.213，IV.30。

[2] 参见IV.137。

[3] 昏星，参见I.251。

[4] Eurus，东风之神。

而年轻人，直到夜晚才归巢，
脚上提着满满的百里香和满满的疲劳；
它们还到处寻找野草莓，银灰的柳树，
瑞香花，藏红花，鲜美的椴树花，
还有铁锈色的唐菖蒲。
所有人都同样劳作，同样需要休息解乏：
早上涌出大门，毫无拖沓，
终于到了晚上，那昏星又提醒它们，
离开平原和牧场，
寻找自己的蜂房，
打理自己的容装，
围着蜂房的出入口，嗡嗡作响。
在那之后，
它们各自回到了自己的房间，
在这夜晚，享受安静的清闲，
放松劳累的关节，进入沉眠。

而当大雨降至，它们绝不会离家太远，
也不会在东风呼啸之时相信那天空，
只会在蜂房四周活动，
采集水源，尝试短途飞翔；
它们正如小船经历风浪，
抓着小石子，当作压仓，
在飘渺的云海中保持平衡，防止摇晃。

illum adeo placuisse apibus mirabere morem,
quod neque concubitu indulgent nec corpora segnes
in Venerem solvunt aut fetus nixibus edunt;
200 verum ipsae e foliis natos, e suavibus herbis
ore legunt, ipsae regem parvosque Quirites[1]
sufficiunt aulasque et cerea regna refingunt[2].
saepe etiam duris errando in cotibus alas
attrivere ultroque animam sub fasce dedere:
205 tantus amor florum et generandi gloria mellis.
ergo ipsas quamvis angusti terminus aevi
excipiat, neque enim plus septima ducitur aestas,
at genus immortale manet multosque per annos
stat fortuna domus et avi numerantur avorum.
210 praeterea regem non sic Aegyptus[3] et ingens
Lydia[4] nec populi Parthorum[5] aut Medus[6] Hydaspes[7]
observant. rege incolumi mens omnibus una est;
amisso rupere fidem constructaque mella
diripuere ipsae et crates solvere favorum.

---

[1] 本来指Cures的Sabini人。当Sabini人与罗马人融合之后，Quirites被用于社会属性的罗马市民。而Romani即罗马人则是军事属性的罗马人。
[2] 有版本作refigunt。
[3] 即Egypt。
[4] 参见I.384注。
[5] Parthi人，参见III.31注。
[6] 即古国Media，参见I.215注。Media是否到达Indus河流域，存疑。或者Hydaspes只是虚指东方。
[7] Hydaspes是Indus河的支流，今名Jeloum河。

令你惊奇的是，它们如此乐于这习惯，
既不用沉溺于床笫，
又不会因爱情让身体变得懒惰，
更不会因怀胎而有生产的折磨；
而是它们自己，从绿叶和甜草中搜索，
它们自己，嘴里含着寻到的生命之火；
它们自己，供养了蜂王和幼小的花朵，
它们自己，重建了宫殿与蜡质的王国。
在艰险的峭壁上盘旋之时，
它们经常把翅膀过分磨损，
以至于在重负下失去灵魂；
它们对花朵的热爱如此坚决，
它们对酿蜜的荣光如此喜悦！
如此，虽然对于每个个体，
它的生命短暂而有限，
从来不会超过第七个夏天，
但是整个种群却有永恒的时间，
蜂房的幸福将延续千万年，
一直延续到祖先的祖先。

还有，没有一个国家像它们一样，
尊敬它们的蜂王：
无论是Egypt，强大的Lydia，Parthi人的部落，
或是Hydaspes河旁的Medus，它屹立在东方！
蜂王的安全占据了所有人的心房，
如果失去它，蜜蜂就失去了信仰，
它们自己，把酿好的蜂蜜糟蹋，
它们自己，让建好的蜂房倒塌。

215 ille operum custos, illum admiruntur et omnes
circumstant fremitu denso stipantque frequentes
et saepe attollunt umeris et corpora bello
obiectant pulchramque petunt per vulnera mortem.
his quidam signis atque haec exempla secuti
220 esse apibus partem divinae mentis et haustus
aetherios dixere; deum namque ire per omnes
terrasque tractusque maris caelumque profundum.
hinc pecudes, armenta, viros, genus omne ferarum,
quemque sibi tenues nascentem arcessere vitas;
225 scilicet huc reddi deinde ac resoluta referri
omnia nec morti esse locum, sed viva volare
sideris in numerum atque alto succedere caelo.
si quando sedem angustam servataque mella
thesauris relines, prius haustu sparsus aquarum
230 ora fove fumosque manu praetende sequaces.

工蜂们都尊敬着那监护人，它们的蜂王，
围着它发出密集的嗡嗡之响；
它们聚集到它身旁，
还经常把它扛上肩膀；
而一旦到了战场，
它们甘愿挺身而出，为它受伤，
成就那华丽的死亡。

受这些标志和事例启发，
有人说，蜜蜂拥有那一部分的神性，
能从恒星天吸取星灵[1]。
你看，神明路过了这世间，
大地，海洋，辽阔的苍天；
于是所有的牲畜，人类，各种的野兽，
它们都从神那里获得短暂的生命；
那么显然，所有的生灵，
也将最终回到神的怀里，
解脱掉这尘世间的藩篱；
没有所谓死亡之境，
它们鲜活的灵魂，
飞升至天穹之顶，
成为天上的繁星。

而当你要打开这狭小的蜂房，
品尝它们保存在仓库的琼浆，
首先用嘴喷一下水雾，
然后拿起那无孔不入的烟幕。

---

[1] 原文是"在ether抽取，喝水"。

illis ira modum supra est, laesaeque venenum
morsibus inspirant et spicula caeca relinquunt
adfixae venis animasque in vulnere ponunt.[1]
bis gravidos cogunt fetus, duo tempora messis,
235   Taygete[2] simul os terris ostendit honestum
Pleias et Oceani spretos pede reppulit amnes,
aut eadem sidus fugiens ubi Piscis[3] aquosi
tristior hibernas caelo descendit in undas.
sin duram metues hiemem parcesque futuro
240   contunsosque animos et res miserabere fractas,
at suffire thymo cerasque recidere inanes
quis dubitet? nam saepe favos ignotus adedit
stellio et lucifugis congesta cubilia blattis
immunisque sedens aliena ad pabula fucus;
245   aut asper crabro imparibus se immiscuit armis,
aut dirum tiniae genus, aut invisa Minervae[4]
laxos in foribus suspendit aranea casses.

---

[1] 有版本231-233这三行换到238行之后。
[2] Taygete是Pleiadas七姐妹之一。位于金牛座。参见I.138。
[3] 即双鱼座。
[4] 可能是因为Athena讨厌蜘蛛，但是找不到更早的证据。Ovid曾描写Arachne与Minerva竞赛，最后被Minerva变成蜘蛛之事，但这在Vergil此书之后，可能受其影响。

它们的怒火可是无法量估，
它们受伤之后，会把毒液叮入，
在你的血管里留下无形的刺针，
在你的伤口上留下自己的灵魂。
一年里它们有两次满满的收集，
我们也同样可以收获两次蜂蜜：
首先在Taygete，Pleiades姐妹[1]，
向着大地展现了她面容的娇美，
用她的细足拨开了粼粼的海水；
然后则是当她跟着水性的双鱼，
郁郁地离开天空，向着冬日的大海下坠[2]。
若是你担心严峻的冬季，
或是想给未来留下余地，
可怜它们残存的家园和破碎的骄傲，
谁还会犹犹豫豫，
赋予它们百里香的味道，
归还给它们挤干的蜡条？
比如那被忽视的蜥蜴，还经常吃掉蜂巢，
怕光的夜蛾，挤满了蜂房，
无所事事的雄蜂，还在坐享其成；
或是那残忍的黄蜂，也加入了战场，
它们有无可匹敌的臂膀！
蛆虫一族，恶心而肮脏，
还有Minerva最厌恶的蜘蛛，
在门口挂上了宽大的网。

---

[1] 以晚上九点为观测时间，昴星团八月底在地平线出现。
[2] 以凌晨六点为观测时间，昴星团十月底落山。

quo magis exhaustae fuerint, hoc acrius omnes

incumbent generis lapsi sarcire ruinas

250   complebuntque foros et floribus horrea texent.

si vero, quoniam casus apibus quoque nostros

vita tulit, tristi languebunt corpora morbo,

quod iam non dubiis poteris cognoscere signis:

continuo est aegris alius color, horrida vultum

255   deformat macies, tum corpora luce carentum

exportant tectis et tristia funera ducunt;

aut illae pedibus conexae ad limina pendent,

aut intus clausis cunctantur in aedibus omnes

ignavaeque fame et contracto frigore pigrae.

260   tum sonus auditur gravior, tractimque susurrant,

frigidus ut quondam silvis immurmurat Auster,

ut mare sollicitum stridit refluentibus undis,

aestuat ut clausis rapidus fornacibus ignis.

hic iam galbaneos[1] suadebo incendere odores

265   mellaque harundineis inferre canalibus, ultro

hortantem et fessas ad pabula nota vocantem.

---

[1] 参见III.415注。

但无论它们如何被清空存款，
所有蜜蜂都会更加埋头苦干，
修复着废墟，纪念逝去的同伴，
用花露将一排排房间重新填满，

生活给蜜蜂带来了跟我们一样的苦恼，
它们的身体也会被可悲的疾病所困扰，
你可以通过这些毫无争议的信号知晓：
首先，疾病引起了异常的色调，
身体还出现骇人消瘦的面貌，
然后，那些毫无光彩的躯壳，
被同伴们运出蜂巢，
举行令人沉重的哀悼；
或者一只只在门口挂着，连在一起[1]；
或者蜜蜂们把自己关在封闭的房屋，
因饥饿而疲软，因寒冷而麻木。
它们还会发出更加低沉的声音，
蜂鸣声绵绵不绝，
正如冰冷的南风在树林上呼啸，
正如深海发出怒嚎，大浪回潮，
正如猛烈的火焰在熔炉里闷烧！
现在我就来教：
马上先点燃香味的格蓬胶，
然后拿芦苇杆喂些蜂蜜，
鼓励它们，用这熟悉的味道，
唤醒这些疲惫的病号。

---

[1] 查不到相关资料，可能只是在筑巢。

proderit et tunsum gallae[1] admiscere saporem
arentesque rosas aut igni pinguia multo
defruta vel Psithia[2] passos de vite racemos
270   Cecropiumque[3] thymum et grave olentia centaurea[4].

est etiam flos in pratis, cui nomen amello[5]
fecere agricolae, facilis quaerentibus herba;
namque uno ingentem tollit de caespite silvam,
aureus ipse, sed in foliis, quae plurima circum
275   funduntur, violae sublucet purpura nigrae;
saepe deum nexis ornatae torquibus arae;
asper in ore sapor; tonsis in vallibus illum
pastores et curva legunt prope flumina Mellae[6].

huius odorato radices incoque Baccho
280   pabulaque in foribus plenis adpone canistris.

sed siquem proles subito defecerit omnis,
nec genus unde novae stirpis revocetur habebit,
tempus et Arcadii memoranda inventa magistri
pandere, quoque modo caesis iam saepe iuvencis
285   insincerus apes tulerit cruor. altius omnem
expediam prima repetens ab origine famam.

---

[1] galla指oak-gall，栎瘿，是植物因为瘿蜂注入化学物质导致的病态而不自然的增生。Vergil应该不知道这个原理，暂译为栎果。

[2] 参见II.93。

[3] Cecrops，Athens初代国王，参见IV.177。

[4] 有两种植物可以叫centaury：Centaurea，矢车菊，或是Centaurium，百金花，这里似乎更有可能是后者，存疑。

[5] amellus指starwot，可以是Aster，紫苑，或是Spergula arvensis，大爪草，或是Stellaria，繁缕。与后文描述最接近的应该是紫苑。

[6] Mella河在Italia北部，流经今Brescia，也是Po河的支流。这里很可能只是代指河流。

你还可以混合栎果汁和干燥的蔷薇，

或是大火浓缩的酒，味道丰富，

或是用Psithia产的葡萄干，

Athens的百里香，还有浓郁气味的百金花。

还有一种在草甸上的花，

农夫们称其为amellus[1]，

要找到它很简单：

它从一个根节长出好多的茎秆，

那个花被金色渲染，

而叶子，向着四周弥漫，

偏黑的紫色，一闪一闪；

人们经常用它编织花环，

装饰诸神的祭坛；

但它在嘴里会有苦涩之感；

牧民在新啃食过的山谷上找寻它的踪迹，

或是在Mella弯曲的河道里发现它的神奇。

你要用香气浓厚的酒去煮它的根段，

然后放在蜂房门口，要整整一篮！

但若蜂群突然全部失去了灵魂，

甚至没有办法繁衍新的种群，

这时候就该讲述那Arcadia的大师[2]，

他那令人难忘的技艺：

用宰杀的牛那不洁的血，召唤蜜蜂聚集。

啊，我将从源头开始，讲述完整的传奇。

---

[1] 参见前页注。
[2] 指养蜂之神Aristaeus，在Arcadia有其祭祀活动。

nam qua Pellaei gens fortunata Canopi[1]
accolit effuso stagnantem flumine Nilum
et circum pictis vehitur sua rura phaselis,
290   quaque pharetratae vicinia Persidis[2] urget,
et viridem Aegyptum nigra fecundat harena,[3]
et diversa ruens septem discurrit in ora
usque coloratis amnis devexus ab Indis
omnis in hac certam regio iacit arte salutem.
295   exiguus primum atque ipsos contractus in usus
eligitur locus; hunc angustique imbrice[4] tecti
parietibusque premunt artis et quattuor addunt,
quattuor a ventis obliqua luce fenestras.
tum vitulus bima curvans iam cornua fronte
300   quaeritur; huic geminae nares et spiritus oris
multa reluctanti obstruitur, plagisque perempto
tunsa per integram solvuntur viscera pellem.
sic positum in clauso linquunt et ramea costis
subiciunt fragmenta, thymum casiasque[5] recentes.

---

[1]Canopus是Nile河口的城市，这里代指Lower Egypt。相传是由希腊移民建立，所以称Pellaeus Canopus。Pella是Macedon的首都。

[2]Perses，古希腊罗马人对Iran的称呼，即波斯（但此译名最早出自梁书）。

[3]通常认为291行应该在292-293之后。

[4]imbrex是屋顶的瓦片，挡雨用，呈圆弧形或是钝角形，一般是陶土烧制，偶尔用大理石或者金属。瓦片有两种，tegula是比较平整的大块，而两块tegula的接缝用狭窄的imbrex盖上，这样不会漏雨。这里很可能是指代两种瓦片；也有可能imbrex比tegula更便宜，所以对于临时的建筑来说，都用imbrex的话会更加划算。

[5]参见II.213，IV.30,182。

在那个幸福的国家，
建立在Nile河的泛滥之下，
农田里漂着漂亮的舟筏；
他们临近有擅长弓箭的Persae人施压，
而那Nile河从纹面的Indus直冲而下[1]，
在河口冲刷出七条分叉，
还给绿色的Egypt带来了肥沃的黑沙；
他们整个国家都深信这个技法！

首先，选一片专用的土地，
盖着瓦片的低矮屋脊，
还有密封的墙壁，
将整块地方围起；
开四面小窗，
让四方的风神带来斜阳。
然后找一只小公牛，
两岁的额头，
牛角已经开始弯曲；
把两只鼻孔和透气的嘴巴堵上，
它将挣扎不停，它将迎来死亡[2]，
完整的表皮下，捣烂它的内脏。
接下来，把尸体留在那个囚房，
在它的身下，铺上折断的枝条[3]，
撒下百里香，还有新摘的瑞香。

---

[1]可能当时罗马人对地理的认识还有很多错误。
[2]通常理解是用棍棒打死，即plagis（by blows）一词，但是这样就没有必要封住口鼻。所以这里的小牛应该是闷死的，而plagis指的应该是下一行捣烂内脏的动作。
[3]保持尸体下方空气流通。

305 hoc geritur Zephyris[1] primum impellentibus undas,
ante novis rubeant quam prata coloribus, ante
garrula quam tignis nidum suspendat hirundo.
interea teneris tepefactus in ossibus umor
aestuat et visenda modis animalia miris,
310 trunca pedum primo, mox et stridentia pennis,
miscentur tenuemque magis magis aera carpunt,
donec, ut aestivis effusus nubibus imber,
erupere aut ut nervo pulsante sagittae,
prima leves ineunt si quando proelia Parthi[2].
315 quis deus hanc, Musae, quis nobis extudit artem?
unde nova ingressus hominum experientia cepit?
pastor Aristaeus fugiens Peneia[3] Tempe[4],
amissis, ut fama, apibus morboque fameque,
tristis ad extremi sacrum caput adstitit amnis
320 multa querens atque hac adfatus voce parentem:

---

[1] Zephyrus,西风之神。
[2] Parthi人,参见III.32,只是那里还在嘲笑他们的弓技。
[3] Peneus河是Tempe谷地的一条大河,位于希腊中部。Peneus,同名的河神是Aristaeus的外祖父。
[4] 参见II.469。

你要赶在西风首次鼓动海浪的节点，
要赶在草地被新鲜的颜色染红之前，
要抢在话痨的燕子在梁上筑巢之先。
与此同时，它体内温暖的湿气，
开始在柔软的骨头间酝酿，
然后出现了生命的奇迹：
一开始它们连脚都没有长齐，
然后很快，有嗡嗡的翅膀声响起，
各种不同形态的生命聚集，
越来越多，享用着那稀薄的空气。
这将一直持续到——
就像夏季乌云中轰然而下的暴雨，
又或是像战场上遭遇，
那轻装的Parthi人抢先一局，
从满弓上射出的箭羽。

噢，Muse，哪位神祇，哪位，
为我们炼就了如此的技艺？
从哪里，开始了这人间的新奇？
牧羊人Aristaeus，离开Tempe山谷，
沿着Peneus河徒步，
据称，他因疾病和饥荒失去了所有的蜂群；
他忧郁地站在这大河神圣的源头，
哀叹着呼唤他的母亲：

'mater, Cyrene[1] mater, quae gurgitis huius
ima tenes, quid me praeclara stirpe deorum,
si modo, quem perhibes, pater est Thymbraeus[2] Apollo,
invisum fatis genuisti? aut quo tibi nostri
325 pulsus amor? quid me caelum sperare iubebas?
en etiam hunc ipsum vitae mortalis honorem,
quem mihi vix frugum et pecudum custodia sollers
omnia temptanti extuderat, te matre relinquo.
quin age et ipsa manu felices erue silvas,
330 fer stabulis inimicum ignem atque interfice messes,
ure sata et validam in vites molire bipennem,
tanta meae si te ceperunt taedia laudis.'
at mater sonitum thalamo sub fluminis alti
sensit. eam circum Milesia[3] vellera nymphae
335 carpebant hyali saturo fucata colore:

---

[1]Cyrene是Aristaeus的母亲。河神Peneus之女，也是水之妖精。
[2]Thymbra在Troy城附近，有Apollo的神庙。
[3]参见III.306。

'啊，母亲，Cyrene母亲！
你在这深渊之中停留！
你为何诞下光辉神明的子嗣，
若你所言属实，
那Thymbra的Apollo若真是我的父亲，
我为何遭命运抛弃！
你对我们的爱为何远离？
但你又为何让我着眼天际[1]？
看着我！即使你是我的母亲，
我也要将这凡人的荣耀通通抛弃！
我对果树和牲畜如此精心照料，
却也未曾耗费我那全部的辛劳[2]，
若是你的心中对我如此厌恶，
为何不来！来用你的手，
亲自拔掉我的高产的林木！
烧死我的牛马！
侵吞我的收成！
烧光我的庄稼！
拿起那双刃斧的强大，
把我的葡萄藤全部砍伐！'

但他的母亲，深在这河底的闺房，
感觉到了他的声响，
在她的周围，nymph妖精们，
在梳理那琉璃色的Miletus羊纺：

---

[1] 指追求不朽。
[2] 指养蜂比前面两件事都难。

Drymoque Xanthoque Ligeaque Phyllodoceque[1],
caesariem effusae nitidam per candida colla,
Nesaee Spioque Thaliaque Cymodoceque,[2]
Cydippeque et flava Lycorias, altera virgo,
340   altera tum primos Lucinae[3] experta labores,
Clioque et Beroe soror, Oceanitides ambae,
ambae auro, pictis incinctae pellibus ambae,
atque Ephyre atque Opis et Asia Deiopea
et tandem positis velox Arethusa[4] sagittis.
345   inter quas curam Clymene narrabat inanem
Volcani[5] Martisque dolos et dulcia furta,
aque Chao[6] densos divum numerabat amores.

---

[1]这四位都是水之妖精。后文还有十三位，不再一一做注。

[2]此句有可能是衍文。

[3]Lucina，掌管生育的女神，参见III.60。

[4]Ovid提到，Arethusa是*Artemis*的随从（所以带着弓箭）。但他也可能是参考了Vergil的说法。

[5]Volcanus，火神。

[6]Chaos，希腊神话的原始神之一，混沌。Hesoid以Chaos为最初始的神明，而后才生出Gaia大地，Tartarus罪狱和Eros爱欲。

Drymo和Xantho，
Ligea和Phyllodoce，
闪亮的头发在白皙的脖子上流淌；
Nesaee和Spio，
Thalia和Cymodoce，
还有Cydippe和金色的Lycorias，
一位还是少女，
另一位则体验过劳苦的初次生育，
Clio与Beroe姐妹，
都是海神Oceanus的后裔，
都带着黄金的饰器，
都披着华美的裘衣；
还有Ephyre，Opis，
还有Asia来的Deiopea，
迅敏的Arethusa，
她的弓箭居然还在身旁。
她们之中，还有Clymene，
在绘声绘色地谈论着，
火神Volcanus白费的辛酸[1]，
战神Mars的甜言蜜语与偷欢，
还一一列举着，
从那混沌之神Chaos开始，
诸神那不计其数的情事。

---

[1]爱神Venus是火神的妻子，但经常在外偷情，特别是跟Mars。

carmine quo captae dum fusis mollia pensa
devolvunt, iterum maternas impulit aures
350 luctus Aristaei, vitreisque sedilibus omnes
obstipuere; sed ante alias Arethusa sorores
prospiciens summa flavum caput extulit unda
et procul: 'o gemitu non frustra exterrita tanto,
Cyrene soror, ipse tibi, tua maxima cura,
355 tristis Aristaeus Penei genitoris ad undam
stat lacrimans et te crudelem nomine dicit.'
huic percussa nova mentem formidine mater,
'duc, age, duc ad nos; fas illi limina divum
tangere,' ait. simul alta iubet discedere late
360 flumina, qua iuvenis gressus inferret. at illum
curvata in montis faciem circumstetit unda
accepitque sinu vasto misitque sub amnem.

她们一边沉浸于这谈资说笑，
一边在纺锤上绕下柔软的羊毛，
此时Aristaeus的哀嚎，
又一次传入了母亲的声道，
水晶椅上的众人都被惊扰。
但是在其他姐妹之前，
Arethusa从水面上抬起那一头金发，
望着河边，然后远远地说道：
　'噢，Cyrene姐姐，
你对这哀叹的警觉，
可不是来风的空穴，
Aristaeus，你最大的牵挂，
站在你父亲Peneus的河边，
对着你泪流满面，
说你毫无怜悯的心弦！'
母亲的心，像是被这震惊的消息所贯穿，
她于是回答道：
　'带他，来，带他来让我们看看！
他按圣律可以踏进神的门槛！'
与此同时，她让深深的河水，
分开水面，露出一条通道，
让这年轻人可以越过波涛。
这拱成山一样的河水包围着他，
用宽广的胸怀，将其接纳，
把他送入神奇的水下。

iamque domum mirans genetricis et umida regna
speluncisque lacus clausos lucosque sonantes
365 ibat et ingenti motu stupefactus aquarum
omnia sub magna labentia flumina terra
spectabat diversa locis, Phasimque[1] Lycumque[2]
et caput, unde altus primum se erumpit Enipeus[3]
unde pater Tiberinus[4] et unde Aniena[5] fluenta
370 saxosusque sonans Hypanis[6] Mysusque Caicus[7],
et gemina auratus taurino cornua vultu
Eridanus[8], quo non alius per pinguia culta
in mare purpureum violentior effluit amnis.
postquam est in thalami pendentia pumice tecta
375 perventum et nati fletus cognovit inanes
Cyrene, manibus liquidos dant ordine fontes
germanae tonsisque ferunt mantelia villis;
pars epulis onerant mensas et plena reponunt
pocula, Panchaeis[9] adolescunt ignibus arae;

---

[1]Phasis是Colchis的一条河，今Georgia。
[2]有很多条河叫Lycus，存疑。
[3]Enipeus是Peneus河的支流。
[4]即Tiberis河，流经罗马城。
[5]Anio河是Tiber河的支流，在罗马城北方。
[6]Hypanis河在东欧，但具体位置不详。有可能指Bug河，在今Ukraine和Poland，存疑。
[7]Caicus是Mysia的一条河，在今Turkey。
[8]即Po河，参见I.482。
[9]Panchaia岛，参见II.139。

他走在路上，

惊叹于母亲的居所，

这流动的王国，

洞穴中锁住的湖泊，

沙沙响的林间草坡；

他震撼于这巨大的漩涡[1]，

看着所有的河流在这大地之下，

分流到世界的各个角落：

Phasis河，Lycus河，

还有涌出Enipeus最开始的源头，

还有我们的母亲河Tiberis，带上Anio，

在乱石间咆哮的Hypanis，Mysia的大河Caicus，

Eridanus河，它像公牛般的体态，

金色的双角张开，

没有河流比它更加汹涌澎湃，

它冲刷过丰饶的田地，

冲入那紫色之海[2]。

当他已经来到母亲的居所，

那屋顶都是火山石堆成——

而Cyrene也已经了解她儿子无谓的哭喊，

姐妹们轮流给他送来，

绵软的羊毛毛巾和洁手用的清泉，

桌子上丰盛的宴餐，盛满的酒碗，

Panchaia的火种，在圣坛上点燃。

---

[1] 原文是"水的流动"。
[2] 应该指Adriatic海，即"上方的海"。

380 et mater, 'cape Maeonii[1] carchesia[2] Bacchi:

Oceano libemus' ait. simul ipsa precatur

Oceanumque patrem rerum nymphasque sorores

centum quae silvas, centum quae flumina servant.

ter liquido ardentem perfundit nectare[3] Vestam[4],

385 ter flamma ad summum tecti subiecta reluxit.

omine quo firmans animum sic incipit ipsa:

'est in Carphatio[5] Neptuni gurgite vates

caeruleus Proteus[6], magnum qui piscibus aequor

et iuncto bipedum curru metitur equorum.

390 hic nunc Emathiae[7] portus patriamque revisit

Pallenen[8], hunc et nymphae veneramur et ipse

grandaevus Nereus[9]; novit namque omnia vates,

quae sint, quae fuerint, quae mox ventura trahantur;

quippe ita Neptuno visum est, immania cuius

395 armenta et turpes pascit sub gurgite phocas.

---

[1]Maeonia在Lydia，今Turkey。

[2]carchesium是一种希腊式的酒杯，耳朵很大。

[3]nectar，神的饮料。

[4]Vesta是炉灶和家庭的保护神，参见I.498。这里指代火焰。在罗马城内的Forum，有Vesta神庙，庙里有常年不熄的圣火。

[5]Carphatius海，在Crete岛和Rhodes岛之间。

[6]Proteus是一位海神，传说有预言的能力。

[7]Emathia是Macedonia的一个地名。

[8]Pallene是Macedonia的一个半岛，在希腊北部，三叉状的三个半岛的最西边。

[9]Nereus是*Oceanus*和*Tethys*的儿子，在场的nymph妖精很多都是他的女儿。

他母亲说道：

'拿起那杯Maeonia的甘露，

让我们先给大海之神敬酒。'

于此同时，她开始祈祷：

敬给万物之父Oceanus，

还有她的nymph姐妹们，

她们住在一百座森林，

掌管着一百条河流。

三度，她在猛烈的炉火中撒入琼浆，

三度，直冲房顶的火苗，闪闪发光！

这个征兆坚定了她的信念，于是她开始说道：

'在海神Neptune的Carpathius深渊，

有一位预言家，天蓝色的Proteus，

驾着双足马[1]拉动的战车，

用鱼丈量这宽广的海域。

他现在在Emathia的海港，

重返Pallene，他的故乡，

我们nymph姐妹们，

和年事已高的Nereus他自己都崇拜他；

无论是现在，过去还是将来要发生的一切，

那先知，都了若指掌。

海神Neptune非常看重他的强项，

将深渊中丑陋的海豹和无数的海兽，交由他喂养。

---

[1]可能是类似海豹或是海狮这样的海洋哺乳动物。更有可能是摩羯，双足鱼尾的山羊。因为全书到这里，黄道十二宫里十一宫均已经出现或者出现其对应的动物，比如白羊、巨蟹和狮子，而射手座就是一位半人马；唯独缺了摩羯。作为完美主义者的Vergil绝对会补齐。

hic tibi, nate, prius vinclis capiendus, ut omnem
expediat morbi causam eventusque secundet.
nam sine vi non ulla dabit praecepta, neque illum
orando flectes; vim duram et vincula capto
400   tende; doli circum haec demum frangentur inanes.
ipsa ego, te, medios cum Sol accenderit aestus,
cum sitiunt herbae et pecori iam gratior umbra est,
in secreta senis ducam, quo fessus ab undis
se recipit, facile ut somno adgrediare iacentem.
405   verum ubi correptum manibus vinclisque tenebis,
tum variae eludent species atque ora ferarum.
fiet enim subito sus horridus atraque tigris
squamosusque draco et fulva cervice leaena,
aut acrem flammae sonitum dabit atque ita vinclis
410   excidet, aut in aquas tenues dilapsus abibit.
sed quanto ille magis formas se vertet in omnes,
tanto, nate, magis contende tenacia vincla,
donec talis erit mutato corpore, qualem
videris, incepto tegeret cum lumina somno.'

我的儿，你要先用锁链把他绑紧，
这样他才会讲出疾病所有的原因，
这样他才会支持你破解这个厄运。
因为除了武力，他不会给你指导，
无论你如何哀求，他都不会动摇；
用强大的力量和那锁链将他困牢，
这样他周围的幻影终将全部破掉。
当太阳神在中午点燃了他的热燥，
草地干渴，兽群都要往阴影里跑，
我亲自将带你去老头的藏身之坳，
疲倦的先知他自己离开了这浪涛，
这样容易接近他，特别当他睡着！
但是当你用双手和锁链将其收敛，
那各种幻象和野兽形态把你欺骗，
比如他会突然变成那可怕的野猪，
或是带鳞片的巨龙，黑色的老虎，
或是金色脖子的狮子，向你直扑！
或是吐出巨响的火焰，挣脱锁链，
或是逃进浅水里，顿时化为碎片。
但无论他如何轮换着所有的颜面，
我的儿，你要更紧把他抓在手间，
直到他的身体经历了这么多幻变，
停止幻象，回到正如你最初所见，
闭着他的眼睛，开始陷入了沉眠。'

415 haec ait et liquidum ambrosiae[1] defundit odorem,
quo totum nati corpus perduxit; at illi
dulcis compositis spiravit crinibus aura
atque habilis membris venit vigor. est specus ingens
exesi latere in montis, quo plurima vento
420 cogitur inque sinus scindit sese unda reductos,
deprensis olim statio tutissima nautis;
intus se vasti Proteus tegit obice saxi.
hic iuvenem in latebris aversum a lumine nympha
collocat; ipsa procul nebulis obscura resistit.
425 iam rapidus torrens sitientes Sirius Indos
ardebat caelo, et medium Sol igneus orbem
hauserat; arebant herbae et cava flumina siccis
faucibus ad limum radii tepefacta coquebant:
cum Proteus consueta petens e fluctibus antra
430 ibat; eum vasti circum gens umida ponti
exsultans rorem late dispergit amarum.
sternunt se somno diversae in litore phocae.

---

[1] 正如nectar是神喝的饮料，一般认为ambrosia是神的食物。但这里看似乎是一种液体或者半流体状的膏。

她说着这些，拿出香气浓郁的神膏，

将她儿子全身都涂抹浸泡，

然后他整齐的头发开始散发出甜香，

而他的臂膀也开始感受到了轻盈的力量。

在那山坳边有个巨大的穴洞，

大量的海水被风鼓动，涌入其中，

而后这水又分散，回到了海湾，

遭遇风暴的水手最安全的避难。

就在这里，Proteus常常藏在一块大石后安眠。

那nymph将年轻人置于暗处，避开光线，

而她自己则站在远处，躲入云雾之间。

这日正当那凶猛的天狼[1]，

炙烤着干渴的Indus人，在天上闪闪发光；

而炽热的太阳也刚走到地球的中央；

他的辐射，烤焦了草场，

而那深处的溪流就像干枯的喉嗓，

被烤得滚烫，变成了一滩泥浆。

当Proteus离开水流，

回到他熟知的洞口，

辽阔大洋里的海兽，

也都围绕着他游走，

把身上咸味的水花，

远远地，往外抖；

散开于岸边的海豹，

伸着懒腰，睡着懒觉。

---

[1] 参见II.353。

ipse, velut stabuli custos in montibus olim,

Vesper[1] ubi e pastu vitulos ad tecta reducit,

435   auditisque lupos acuunt balatibus agni,

considit scopulo medius numerumque recenset.

cuius Aristaeo quoniam est oblata facultas,

vix defessa senem passus componere membra

cum clamore ruit magno manicisque iacentem

440   occupat. ille suae contra non immemor artis

omnia transformat sese in miracula rerum,

ignemque horribilemque feram fluviumque liquentem.

verum ubi nulla fugam reperit fallacia, victus

in sese redit atque hominis tandem ore locutus:

445   'nam quis te, iuvenum confidentissime, nostras

iussit adire domos? quidve hinc petis?' inquit. at ille:

'scis, Proteu, scis ipse; neque est te fallere quicquam

sed tu desine velle. deum praecepta secuti

venimus hinc lapsis quaesitum oracula rebus.'

450   tantum effatus. ad haec vates vi denique multa

ardentes oculos intorsit lumine glauco

et graviter frendens sic fatis ora resolvit:

---

[1]Vesper，昏星。参见I.251。

就像那大山里的牧羊人一样，
昏星指引着兽群离开草场，回到棚房，
咩咩叫的羊羔唤起了群狼；
他自己则坐在大石上，清点着海里的山羊。
这可是近在眼前的机会！
Aristaeus，马上把这机会抓住！
他几乎没有给老头休息一下疲惫的手足，
直接大声呼喊着冲出，
将他压倒，用手铐制服。
而先知可没有忘掉自己的强项，
他不断变幻着自己，变出各种神奇的幻象：
火焰，恐怖的野兽，还有流动的河网。
但没有任何伪装可以让他逃亡，
最终他承认自己的失败，变回原样，
开口说起人类的语言：
  '那谁，谁指使你这至勇的青年，
闯进我们的家园？你又有何记惦？'
他回答道：'你知道的，Proteus，你什么都知道。
没有人能骗过你，但你也不要欺瞒于我！
我们遵从神的指引而来，
为了征求神谕，解决那不幸之事态。'
他就说了这些，而听到此处，
那先知受制于这巨大的力量，
眼珠一转一转，闪耀着深海的光芒，
最终他松开紧咬的牙根，
开始转动，那命运之轮：

'non te nullius exercent numinis irae;

magna luis commissa: tibi has miserabilis Orpheus[1]

455 haudquaquam ob meritum poenas, ni fata resistant,

suscitat et rapta graviter pro coniuge saevit.

illa quidem, dum te fugeret per flumina praeceps,

immanem ante pedes hydrum moritura puella

servantem ripas alta non vidit in herba.

460 at chorus aequalis Dryadum[2] clamore supremos

implerunt montes; flerunt Rhodopeiae[3] arces

altaque Pangaea[4] et Rhesi[5] Mavortia tellus

atque Getae[6] atque Hebrus[7] et Actias Orithyia[8].

ipse cava solans aegrum testudine[9] amorem

465 te, dulcis coniunx, te solo in litore secum,

te veniente die, te decedente canebat.[10]

---

[1]Orpheus古希腊著名的吟游诗人，为救回被毒蛇咬死的妻子Eurydice而进入冥府，但是最后没有成功。古希腊流传的版本里，他的角色更加负面。Vergil这里的版本现在演变成正统的版本。他的父亲是Thrace的国王Oeagrus（一说是Apollo），母亲是Muse女神之一的Calliope。

[2]Dryades，森林之妖精，参见I.11。

[3]Rhodope山，参见III.351。

[4]Pangaea也是Thrace的一座山，与Macedonia交界。

[5]Rhesus是Thrace的国王。这里指代Thrace。

[6]Getae人，参见III.462。

[7]Hebrus河是Thrace的一条河。

[8]相传Athens的公主（Actias）Orithyia在Athens的河边嬉戏时，被北风之神Boreas掳到Thrace，并被他强奸。

[9]testudo原意是乌龟，这里指代类似形状的lyre，即诗琴。他的这把琴后来成为天琴座。

[10]这两行四个te（你）的哀伤之意绵延不绝。

‘你的苦难之源，并非没有神之怒火，
而全因你自己犯下的大错。
那可怜的Orpheus失去了爱人，
满腔怨忿，故将此罪加诸你身，
若不是命运阻止，
你应得之罚何止于此？
那少女沿着河岸狂奔，
只是为了逃离你的单恋，
在她把脚踩进草莽之前，
却丝毫没有发现，
巨大的水蛇守卫着岸边。
那些Dryades妖精，她的同伴们，
她们的尖叫声在高山上回荡；
Rhodope之巅为之流泪，
还有Pangaea山，
好战的Rhesus之土，
Getae人，Hebrus河，
还有Athens的公主Orithyia，
所有人都在哀伤不已。
Orpheus用空洞的诗琴，
抚慰痛苦的爱意，
他这样唱道："
你，我那甜美的爱妻，
你，独守海岸的沉寂，
你，看着那朝阳升起，
你，望着那夕阳落地。"

Taenarias[1] etiam fauces, alta ostia Ditis[2],
et caligantem nigra formidine lucum
ingressus Manesque[3] adiit regemque tremendum
470　nesciaque humanis precibus mansuescere corda.
at cantu commotae Erebi[4] de sedibus imis
umbrae ibant tenues simulacraque luce carentum,
quam multa in foliis avium se milia condunt
Vesper[5] ubi aut hibernus agit de montibus imber,
475　matres atque viri defunctaque corpora vita
magnanimum heroum, pueri innuptaeque puellae,
impositique rogis iuvenes ante ora parentum,
quos circum limus niger et deformis harundo
Cocyti[6] tardaque palus inamabilis unda
480　alligat et noviens Styx[7] interfusa coercet.
quin ipsae stupuere domus atque intima Leti[8]
Tartara[9] caeruleosque implexae crinibus angues
Eumenides[10], tenuitque inhians tria Cerberus[11] ora
atque Ixionii[12] vento rota constitit orbis.

---

[1]Taenarus相传指Cape Matapan，即Peloponnese南方三叉半岛中间的一个半岛的最南端。

[2]Dis，指代*Hades*。

[3]Manes，鬼魂，参见I.243。

[4]Erebus，黑暗女神，这里指代整个冥府。

[5]Vesper，昏星，参见I.251。

[6]Cocytus，一条冥河。

[7]Styx，另一条冥河，参见I.243。

[8]Letus是letum即死亡的概念神化。

[9]Tartarus地狱，参见I.36。

[10]Eumenides复仇女神，参见I.278。

[11]Cerberus 是著名的地狱三头犬。

[12]Ixion，参见III.38。

他来到了Taenarus这天涯海角，
走进了地狱的通道，
阴森的树林被恐怖的黑色所笼罩；
他接近那些鬼魂与那可怕的冥王，
他们[1]的内心从未被凡人的祈求动摇！
他的歌声打动了那些依稀的幽影，
地狱最底层，涌出了毫无生命之光的鬼魂；
这场景，正如时至黄昏，
或是寒雨逼近，
成千上万的飞鸟群，
从高山席卷回到树林；
男人和女人，少年和尚未婚嫁的少女，
还有走完生命历程，伟大英雄的身躯，
还有年轻人，在父母眼前被放上火葬堆，
在他们周围都是黑泥和残存的芦苇[2]，
困住他们的是Cocytus那恶臭沼泽的死水，
而Styx绕着他们，还有九层重围！
死神的宫殿和Tartarus的最底层，
还有那天青色蛇发的复仇女神，
都被这动人的歌声所震撼，
甚至连Cerberus都张着三个嘴巴，神色涣散，
而风中Ixion的火轮都停止了旋转。

---

[1]Vergil用了复数形式的corda，可能指冥界剩下的那些神明。
[2]黑泥和芦苇可能是火葬后的遗迹。

485 iamque pedem referens casus evaserat omnes;
reddidaque Eurydice superas veniebat ad auras,
pone sequens, namque hanc dederat Proserpina[1] legem,
cum subita incautum dementia cepit amantem,
ignoscenda quidem, scirent si ignoscere Manes[2].
490 restitit Eurydicenque suam iam luce sub ipsa
immemor heu! victusque animi respexit. ibi omnis
effusus labor atque immitis rupta tyranni
foedera, terque fragor stagnis auditus Avernis[3].
illa, 'quis et me,' inquit, 'miseram et te perdidit, Orpheu,
495 quis tantus furor? en iterum crudelia retro
Fata[4] vocant, conditque natantia lumina somnus.
iamque vale: feror ingenti circumdata nocte
invalidasque tibi tendens, heu non tua, palmas!'

---

[1]Proserpina，冥后，参见I.39。
[2]这里指代整个地狱。
[3]Avernus湖，参见II.164。
[4]命运的概念神化。

而现在他摆脱了所有的困境，
开始走出这幽冥；
Eurydice，恢复了原貌，
也跟在后面，向着上层前行；
这可是冥后Proserpina的旨意！
可是突然一阵疯狂的冲动，
击碎了这情种不安的心神，
噢天，他应该得到宽恕，
如果地狱知道如何宽恕！
哎呦！他居然停下来，他居然忘掉了，
他居然回头看了他的爱妻，
就在马上要抵达光明之际！
所有的努力化为灰烬，
与这些凶神的誓约岂能分心！
从Avernus湖的泥沼传来，三声破碎之音。
Eurydice哭泣道：
　"是谁，谁毁了不幸的我，
还毁了你，Orpheus，
那是何种的疯狂？
你看！残忍的命运之神又招我回去，
我那泉涌的双眼又将陷入空虚。
现在，该说永别了，
我被这永恒的暗夜所诅咒，
向你，伸出，
我这无力的，双手！
不再是你的，双手[1]！"

---

[1]原文是"我不再是（属于）你的"。

dixit et ex oculis subito, ceu fumus in auras

commixtus tenues, fugit diversa, neque illum, 500

prensantem nequiquam umbras et multa volentem

dicere praeterea vidit, nec portitor Orci[1]

amplius obiectam passus transire paludem.

quid faceret? quo se rapta bis coniuge ferret?

quo fletu Manis, quae numina voce moveret? 505

illa quidem Stygia[2] nabat iam frigida cumba.

septem illum totos perhibent ex ordine menses

rupe sub aeria deserti ad Strymonis[3] undam

flesse sibi et gelidis haec evolvisse sub astris[4]

mulcentem tigres et agentem carmine quercus; 510

qualis populea maerens Philomela[5] sub umbra

amissos queritur fetus, quos durus arator

observans nido implumes detraxit; at illa

flet noctem ramoque sedens miserabile carmen

integrat et maestis late loca questibus implet. 515

---

[1]Orcus，指代地狱或者冥王，参见I.277。地狱的船夫，即Charon。
[2]Styx，冥河，参见I.243。
[3]Strymon河，参见I.120。
[4]有版本作antris，在洞穴之下。
[5]Philomela，化为夜莺，参见IV.15。

她说完这些，突然在他眼前消失不见，

就像散入薄云之中的烟雾，

再也看不见她的爱慕；

而他狂抓着这幽影，许多的情话尚未倾诉；

冥府的艄公也不再允许他渡过封锁的大湖。

如今他又能做什么？

两度丧妻的他又该何去何从？

什么样的眼泪能感化魂魄？

什么样的歌喉能动摇神座？

而冰冷的她，已经在冥河的船上漂泊。

人们都说，整整七个月，

他都在Strymon荒凉的河谷，

在高耸的山岩旁独自恸哭，

在冰冷的星空下讲述愁苦，

他的歌声打动了猛虎，感化了橡树。

就像是那Philomela所化的夜莺，

在白杨树影下哀悼，

悲叹那痛失的雏鸟，

它们羽翼未丰，

却被粗鲁的耕夫扔出鸟巢[1]；

她在枝头，成夜地啼哭，

重复着催人泪下的诉苦，

那曲哀歌，回荡在天幕。

---

[1] 参见II.210。

nulla Venus[1], non ulli animum flexere Hymenaei[2].

solus Hyperboreas[3] glacies Tanaimque[4] nivalem

arvaque Rhipaeis[5] numquam viduata pruinis

lustrabat raptam Eurydicen atque inrita Ditis[6]

520 dona querens; spretae Ciconum[7] quo munere matres

inter sacra deum nocturnique orgia[8] Bacchi

discerptum latos iuvenem sparsere per agros.

tum quoque marmorea caput a cervice revulsum

gurgite cum medio portans Oeagrius[9] Hebrus[10]

525 volveret, Eurydicen vox ipsa et frigida lingua,

ah miseram Eurydicen! anima fugiente vocabat:

Eurydicen toto referebant flumine ripae.'

haec Proteus, et se iactu dedit aequor in altum,

quaque dedit, spumantem undam sub vertice torsit.

530 at non Cyrene; namque ultro adfata timentem:

---

[1]Venus，爱神。
[2]Hymenaeus，婚礼之神，参见III.60。
[3]极北之地，参见III.196。
[4]Tanais河，今Don河，在Russia。
[5]Rhipaeus山，参见I.240。
[6]指代Pluto。
[7]Cicones指Hebrus河边的Thrace人。
[8]orgia是一种酒神Bacchus的祭祀狂欢仪式，只允许女人参加。她们会撕碎一头公牛，分食生肉，用音乐和舞蹈达到癫狂的状态。
[9]Oeagrus，Thrace的国王，Orpheus之父。
[10]Hebrus河，参加IV.463。

没有任何的爱情，
也没有任何婚礼之景，
能慰藉他的心灵。
他独自游荡在极北的冰盖，
Tanais河的白雪皑皑，
还有Rhipaeus永冻的山脉，
哀唱着他痛失的挚爱，
和白白浪费的，死神的圣裁。
那些Cicones妇女，
因他夜里闯进了神圣的仪式，
打断了酒神Bacchus的祭典，
竟把这年轻人撕成了碎片，
散播到辽阔的原野之间。
白亮的脖子上扯下的头颅，
在他父亲Hebrus河的激流中漂浮，
那孤独的头颅一边旋转，
那冰冷的舌头一边呼唤：
"Eurydice，啊，可怜的Eurydice！"
直到当他的灵魂离去之时，
那河岸还是回荡着Eurydice的名字。'

Proteus说完这些，纵身跃入深海，
他入海之处形成的漩涡，
满满都是泡沫。
Cyrene可没有离开，
她向着呆立的儿子说道：

'nate, licet tristes animo deponere curas.

haec omnis morbi causa, hinc miserabile nymphae,

cum quibus illa choros lucis agitabat in altis,

exitium misere apibus. tu munera supplex

535　tende petens pacem et faciles venerare Napaeas[1];

namque dabunt veniam votis irasque remittent.

sed modus orandi qui sit, prius ordine dicam.

quattuor eximios praestanti corpore tauros,

qui tibi nunc viridis depascunt summa Lycaei[2],

540　delige et intacta totidem cervice iuvencas.

quattuor his aras alta ad delubra dearum

constitue et sacrum iugulis demitte cruorem,

corporaque ipsa boum frondoso desere luco.

post, ubi nona suos Aurora[3] ostenderit ortus,

545　inferias Orphei Lethaea[4] papavera mittes

et nigram mactabis ovem lucumque revises:

placatam Eurydicen vitula venerabere caesa.'

---

[1]Napaeas是幽谷的nymph妖精。

[2]Lycaeus山。参见I.16。

[3]Aurora，曙光女神。

[4]Lethe，冥河忘川。参见I.78。

'我的儿，先把这哀伤的事情放到一边，

这就是所有疾病的根源；

树林深处的nymph姐妹，

伴着她唱歌跳舞，

就是她们给蜜蜂一族，

带来了可怕的杀戮。

你应该谦卑地献上祭品，祈求宽恕，

对这些和善的森林nymph们表示屈服。

她们会因你的祈祷而原谅你，

并收回她们的怒气。

但你开始之前，我先告知你这祷告的步骤：

寻到体态完美的公牛，需要四头，

还要众多的未上耕犁的小母牛；

先让它们到绿草丰盛的Lycaeus山巅放养，

然后在那些女神的高山神殿旁，

给这四头公牛建好四座祭坛；

让它们的圣血流淌，

从脖子一直流到这祭坛之上，

把它们留在这绿茵的神圣林场。

之后，当曙光女神第九次显露了她的容颜，

你要用忘川的罂粟给Orpheus敬献，

再献祭一只黑羊，回到林间，

最后拿一只小母牛献给Eurydice，

安抚她的怨念。'

haud mora; continuo matris praecepta facessit,
ad delubra venit, monstratas excitat aras,
550   quattuor eximios praestanti corpore tauros
ducit et intacta totidem cervice iuvencas.
post, ubi nona suos Aurora induxerat ortus,
inferias Orphei mittit lucumque revisit.
hic vero subitum ac dictu mirabile monstrum
555   adspiciunt, liquefacta boum per viscera toto
stridere apes utero et ruptis effervere costis,
immensasque trahi nubes, iamque arbore summa
confluere et lentis uvam demittere ramis.
haec super arvorum cultu pecorumque canebam
560   et super arboribus, Caesar[1] dum magnus ad altum
fulminat Euphraten[2] bello victorque volentes
per populos dat iura viamque adfectat Olympo.

---

[1]指Augustus，参见I.25注。
[2]即Euphrates河，参见I.509。

毫不迟疑，他马上遵从母亲的旨意，
到了神殿之旁，建好四座祭坛，
带领四头体态完美的公牛，
还有众多的小母牛，未带耕犁上头，
之后，当曙光女神第九次展示了她的容颜，
他回到林间，给Orpheus献上了祭奠。
这里，一个奇迹展现，
让人，无法组织语言：
那液化的内脏，
那巨大的腹腔，
那洞穿的肚皮，
那蜜蜂的声响；
它们拖曳着巨大的乌云飘过树梢，
那弯曲的枝条上，垂下硕大的葡萄[1]。

我，在此歌唱，
农田的耕作，树木的看护和牲畜的饲养。
同时，伟大的Caesar，伟大的胜利者，
在Euphrates河的战场，
向臣服的部族颁布法章，
赢取他通向神座的荣光！

---

[1] 指蜜蜂聚团开始筑巢。

illo Vergilium me tempore dulcis alebat
Parthenope[1] studiis florentem ignobilis oti,
565 carmina qui lusi pastorum audaxque iuventa,
Tityre[2], te patulae cecini sub tegmine fagi.

---

[1]Parthenope是一位siren海妖的名字，葬在Naples；所以Naples也被称为Parthenope。

[2]Tityrus是Vergil第一部作品Eclogues（通译《牧歌》）里出场的牧人，原型大概是Vergil身边的亲密朋友。本诗最后一句和应了牧歌的第一句。

在那些时日，我，Vergilius，
甜美的Parthenope小城将我滋养，
我在这不光彩的赋闲中学习成长；
我，一个无畏的小伙，
戏作，那牧羊人之歌，
而我这首，则是歌唱你，
Tityrus，你在榉树的华盖下休憩。

Acknowledgements and Translator's Notes

My primary sources of reference are the dictionaries, especially the following two:

- *A Latin Dictionary* or nicknamed *Lewis and Short*, 1879
- *Oxford Latin Dictionary*, 1968

Lewis and Short is in the public domain and there are convenient digital versions available, though Oxford Latin Dictionary sometimes contains more accurate definitions. It was fun and very helpful to find the exact reference in the dictionary entries to the text I was translating.

I would like to give thanks to the following English translations, which I used as major references for parsing Latin, understanding the verse and brainstorming word choices for the Chinese translation:

- *Virgil's Georgics, a new verse translation*, by Janet Lembke, 2005
- *The Georgics: a poem of the land*, by Kimberly Johnson, 2009
- *Virgil: the Georgics*, by A. S. Kline, 2002
- *The Georgics of Virgil*, by Arthur S. Way, 1912

The first two are especially useful with their notes.

So far I am unable to find any full text Chinese translation, as least in publication. However, there have been some fragments of translations available online, total of roughly one book and a half, that I used as secondary references:

- Book I 1-103, by Colin Clovts
- Book I, Book II 1-258, by Hofstede, with notes
- Book IV 453-510, by Ling-Shi (Spiritual-Stone)

Please note that these translators are only identified by their id's, or nicknames.

I also owe my special thanks to my wife Mengshu for listening to my boring drafts a couple of times and for her great advices along the lines — *tu Musa mea*.

⤜∞⟐∞⤛

I need to emphasize that I interpreted this poem under the assumption that all gods and goddesses, or immortals, exist, or at least they did exist at Vergil's time. More precisely, the Romans who first read this poem, all believed that the stories regarding those gods and goddesses are true.

The reason is quite simple — The author (regardless of how religious he was) wrote the poem for his fellow Romans, not for us. Think about it: If I were an instructor teaching Vergil's works at school during first century A.D., and I told my students, "Hey, you know, these gods do not exist, and so the poet is using a metaphor in this case..."

So when he says he wants to be "the first to bring Muse to his country" (III.10-11), he actually means literally he wants to fall in love with the goddess(es). Of course this has some further consequences in terms of bringing Greek literature and poetry to Italia, as we understand in modern times, but I don't think we shall ignore this original meaning and only understand it as a metaphor. As I see it, the author has revealed his love to Muse in various passages throughout the poem — This is a love letter, an open love letter to the goddess.

To me, there are four subjects of this poem: the Sky, the Earth, the Life and the Death. The first two books go through various signals in the sky and various conditions of the land, then the last two deal with life and death. My dedication at the beginning summarized all these themes, and I hope the author himself will like it.

Back to the translation itself — this is by no means a word by word translation, which would be terrible in Chinese in my opinion. Moreover, in order to make lines rhyme, I have to add or subtract some words, or modify some concepts, while maintaining the overall meaning and general flavor of the original text.

It would be very difficult if not impossible to keep the beautiful Latin hexameter in Chinese as these two languages are too far away from each other. So I attempted a more natural verse as in modern Chinese poems. A better option would be to translate everything into classical Chinese, which is as concise as Latin and has more restricted meters and rhymes, but my knowledge of classical Chinese is so limited that it would become a life-long job. I did, however, utilize a limited number of characters from classical Chinese, all of which have been annotated. I also attempted one page (251) with a strict alignment, but it is too difficult to maintain this pattern throughout.

I need to point out that there is a classical Chinese rhyming system and a modern one. The classical one can be traced back to the thirteen century or even earlier, and it is closer to modern dialects spoken in southern part of China. The modern one mostly follows Mandarin which is the most common one used in our current age. I decided to use the modern one, for the same reason — that this translation is for modern readers, well, unless those ancient ghosts may be interested.

Finally, some of the words or expressions are so dated that the only way to find their exact meanings involves the following three steps:

1. *Study classical Latin. Read and speak like ancient Romans did.*
2. *Study Necromancy. Use Step 1 to read the textbook and the study guides, as well as to do the homework.*
3. *Use Step 2 to summon the spirit of the author from Elysium. Use Step 1 to communicate with him.*

You see? Step 1 is crucial here. However, I haven't met an experienced mentor who is able to guide me through the process making sure it is done effectively, safely and in a repeatable manner.

Well, I do have an unsolved puzzle regarding numerology. The author used all the numbers from 1 to 10 in this poem, except for 6. I believe he has included it somewhere in the text, but where is it?

Index